尼山「新六艺」

非遗

张继平 · 张广漠 一著

山东城市出版传媒集团 · 济南出版社

图书在版编目（CIP）数据

尼山新六艺：非遗 / 张继平, 张广漠著. -- 济南：
济南出版社, 2018.7
ISBN 978-7-5488-3402-1

Ⅰ.①尼… Ⅱ.①张… ②张… Ⅲ.①非物质文化遗产-介绍-曲阜 Ⅳ.①G127.523

中国版本图书馆CIP数据核字（2018）第179494号

尼山新六艺：非遗　张继平·张广漠 / 著

出 版 人 / 崔　刚
策　　划 / 李梅海　张　彤　张元立
产品运营 / 王忠青　乔一兵
责任编辑 / 戴梅海　朱　琦　范玉峰
装帧设计 / 戴梅海
插　　图 / 张继礼

出版发行　济南出版社
地　　址　济南市二环南路1号 250002
网　　址　www. jnpub. com
电　　话　0531- 86131726
传　　真　0531- 86131709
经　　销　各地新华书店

印　　刷　济南龙玺印刷有限公司
成品尺寸　170×240毫米　16开
印　　张　7.5
字　　数　180千
版　　次　2018年7月第1版
印　　次　2018年8月第1次印刷
印　　数　1-5000册
定　　价　39.00元

发行电话　0531- 86131730 / 86131731 / 86116641
传　　真　0531- 86922073

目　录

代前言 / 初识非遗

中国文化，

悠远深精。

非遗杰作^①，

四海^②驰名。

发扬传统，

得其真宗^③。

承前启后，

不辱使命。

【注】　①杰作：也译作"代表作"，出自联合国教科文组织《保护非物质文化遗产公约》："人类非物质文化遗产代表作名录。"②四海：指世界各处。③真宗：真正的本旨。

【源】　中华文化的发展，波澜壮阔。五千年延绵不断，有着顽强的生命力和延续性。世界上有许多古老文化——如巴比伦文化、古埃及文化、古印度文化、古希腊文化、古罗马文化等——有的早已灭绝，有的受到破坏和摧残，有的因种种原因而失去光华，中华文化虽然也几经跌宕（diē dàng，起伏变化），却始终未绝，并且代有高峰，蔚为奇观。

中华文化丰富多彩，内容广泛。在历史的长河中，中华文化各个方面都有多样的积累和发展。政治、经济、社会生活在各个时代，又表现出不同的特点和风貌。尤其是中华文化的思想理论基础，把学、问、思、辨、行结合起来，表明从知到行的发展过程，这是中华文化的精髓。

中华文化有着多元文化的共性而又保持着自己的个性和特征。中国有56个民族，各民族文化在祖国文化的百花园中呈现出绚丽多姿的风貌。中华民族还勇于吸取外来文化的养料，表现出中华文化的伟大气魄。大力保护、传承中华文化中的物质文化遗产和非物质文化遗产，对于我们提高文化自觉，提振文化自信，提升文化自豪感，都有着非常重要的文化意义和促进作用。

【述】　非遗是"非物质文化遗产"的简称。

联合国教科文组织对非物质文化遗产的定义是："非物质文化遗产指被各群体、团体，有时为个人视为其文化遗产的各种实践、表演、表现形式、知识和技能及其有关的工具、实物、工艺品和文化场所。"具体范围包括：① 口头传说和表述，包括作为非遗媒介的语言，即在民族民间流传的口传文学、诗歌、神话、传说、故事、谣谚及相关濒（bīn，临近、接近）危的语言；② 表演艺术，即在民族民间流传的音乐、舞蹈、戏曲等；③ 社会风俗、礼仪、节庆，即反映某一民族或区域习惯风俗的礼仪、节日、庆典活动、游艺活动等；④ 有关自然界和宇宙的知识和实践，即天文、地理、人文、医药等；⑤ 传统的手工艺技能，即世代相传、技艺精湛、具有鲜明的民族风格和地域特色的传统工艺美术手工技艺，传统生产、制作技艺等；⑥ 与上述表现形式相关的文化空间，即集中体现或展现某种特定文化的区域或场所如文化生态保护区等。

我国是非物质文化遗产大国。5000年的古老文明，漫长的农耕文化历史，以及56个民族多元的文化生态，积累了十分丰富的民族民间文化艺术资源，许多种类都是世界独有的。据统计，我国有非遗资源近百万项，进入国家、省、市、县四级非遗代表作名录的有10万项之多。截至2016年，我国已有39项非物质文化遗产入选联合国"人类非物质文化遗产代表作名录"（含急需保护名录），项目总数居世界各国首位。

非物质文化遗产是人类的无形文化遗产，代表着人类文化遗产的精神高度。非物质文化遗产是古老而鲜活的文化历史传统，是国家、民族文化软实力的重要资源，是民族精神、民族情感、民族历史、民族个性、民族气质、民族凝聚力和向心力的有机组成和重要表征。保护非遗的真实性、整体性和传承性，有利于增强中华民族的文化认同，有利于维护国家统一和民族团结，有利于促进社会和谐和可持续发展，对建设社会主义核心价值体系具有重要的作用。

【思】　1. 中华文化有哪些显著的特点？

2. 什么是非物质文化遗产？它包含的基本内容有几项？

3. 简述保护传承非遗的重要意义。

【知】　国家设立"文化遗产日"是我国文化遗产保护领域的一项重要举措。自2006年起，国务院将每年6月的第二个星期六设立为"文化遗产日"。各级文化部门和非遗保护部门每年都在"文化遗产日"前后开展活动，通过各种方式宣传非遗保护，为非遗保护工作营造了良好的氛围。自2017年起，国务院又将"文化遗产日"调整设立为"文化和自然遗产日"，凸显了国家对文化遗产和自然遗产工作的高度重视。

❶ 二十四节气

春雨惊春清谷天^①，

夏满芒夏暑相连^②；

秋处露秋寒霜降^③，

冬雪雪冬小大寒^④。

每月两节不变更，

最多相差一两天。

上半年来六、廿^⑤一，

下半年来八、廿三。

——《二十四节气歌》

【注】　①指春季的立春、雨水、惊蛰、春分、清明、谷雨6个节气。②指夏季的立夏、小满、芒种、夏至、小暑、大暑6个节气。③指秋季的立秋、处暑、白露、秋分、寒露、霜降6个节气。④指冬季的立冬、小雪、大雪、冬至、小寒、大寒6个节气。⑤廿，niàn，二十。

【源】　二十四节气，是我国古代人民用来指导农事的计时方法，是中国人通过观察太阳周年运动，认知一年中时令、气候、物候等方面变化规律所形成的指导社会实践的知识体系。二十四节气的划分，最早起源于我国黄河流域。

　　早在周代，我国古代天文学家就用"土圭（guī）"测日影法来确定春分、夏至、秋分、冬至四大节气。后又根据一年内太阳在黄道上的位置变化和引起的地面气候演变次序，将全年平分为24等份，分列在12个月里，包括立春、惊蛰、清明、立夏、芒种、小暑、立秋、白露、寒露、立冬、大雪、小寒12个"节气（简称'节'）"，以及雨水、春分、谷雨、小满、夏至、大暑、处暑、秋分、霜降、小雪、冬至、大寒12个"中气（简称'气'）"，统称"二十四节气"。到西汉年间，二十四节气已完全确立，成为农事活动的主要依据。

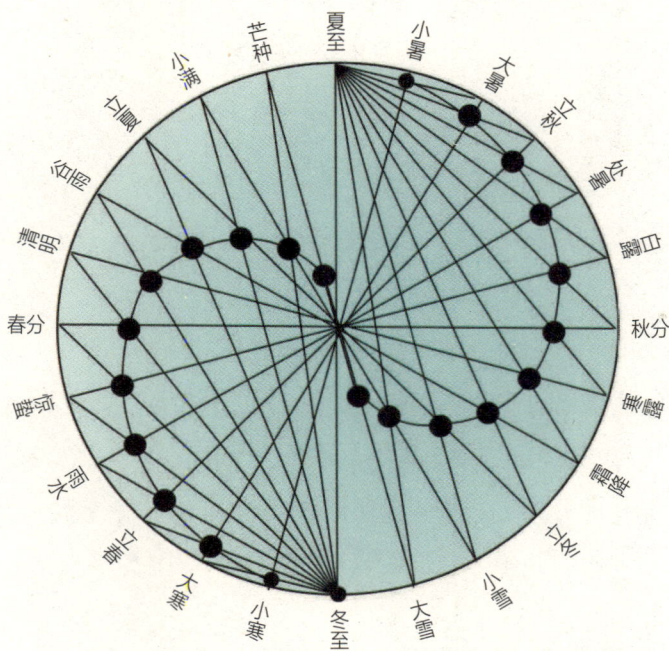

二十四节气示意图

【述】　从西汉起，二十四节气历代沿用，指导农业生产不违农时。人们按节气安排农活，进行播种、田间管理和收获等农事活动。两千多年来，二十四节气一直是深受农民重视的"农业气候历"，也是传统历法体系的重要组成部分。在国际气象界，这一时间认知体系被誉为中国的"第五大发明"。2016年11月30日，在埃塞俄比亚召开的联合国教科文组织保护非物质文化遗产政府间委员会第11届常会正式通过决议，将中国申报的"二十四节气——中国人通过观察太阳周年运动而形成的时间知识体系及其实践"列入联合国教科文组织人类非物质文化遗产代表作名录。它的入选，使我国已有39个列入人类非遗代表作名录的项目。

【思】　1. 进一步了解每个节气对应的气候变化，并指出它的气候特点。
　　　　2. 为什么说二十四节气是中国的"第五大发明"？

【知】　农历，即"阴阳历"，是我国历法的一种。它的特征是，既重视月相盈亏的变化，又照顾寒暑节气，年和月的长度都依据天象而定。月的长度以月亮一亏一盈为平均值，年的长度则大致等于回归年，大月30日，小月29日，平年12个月，全年354或355日。每年比回归年平均少10天21小时。因此，需每3年置一闰月，5年再闰，19年7闰。闰年13个月，全年384或385天。因为二十四节气起源于阴阳历，对于农业生产有重要意义，故称"农历"。

② 京 剧

拉，拉，拉大锯，
姥娘门口唱大戏。
你也去，我也去，
我们一起去看戏。

唱，唱，唱大戏，
画着脸谱穿彩衣。
粉墨登场①真亦假，
悲欢离合一场戏。

锣一阵，琴一曲，
看罢武功听文戏。
三句道尽古今事，
五步走遍千万里。

拉大锯，唱大戏，
你扮我来我扮你。
天地一方大舞台，
舞台就是小天地。

【注】 ①粉墨登场：化装上台演戏。

【源】 京剧，中国戏曲剧种之一，已有二百多年历史。清乾隆五十五年（1790），专门演出徽剧的四大徽班（三庆班、四喜班、春台班、和春班）陆续进北京演出，于嘉庆、道光年间同来自湖北的汉调艺人合作，相互影响，并接受昆曲、秦腔、梆子的剧目、曲调和表演方法，又吸收了一些民间曲调，逐渐形成了完整的艺术风格和表演体系，后流行于全国。

京剧唱腔主要以西皮、二黄为主要腔调，用京胡、二胡、月琴、三弦、笛子、唢呐等管弦乐器和鼓、锣、铙（náo）、钹（bó）等打击乐器伴奏。表演形式上以唱、念、做、打、舞并重，多用虚拟性的程式动作。传统剧目在一千个以上，以《霸王别姬》《群英会》《打渔杀家》《三岔口》《锁麟囊》等流传较广。现代京剧以《逼上梁山》《沙家浜》《红灯记》《江姐》等为人们所熟知。

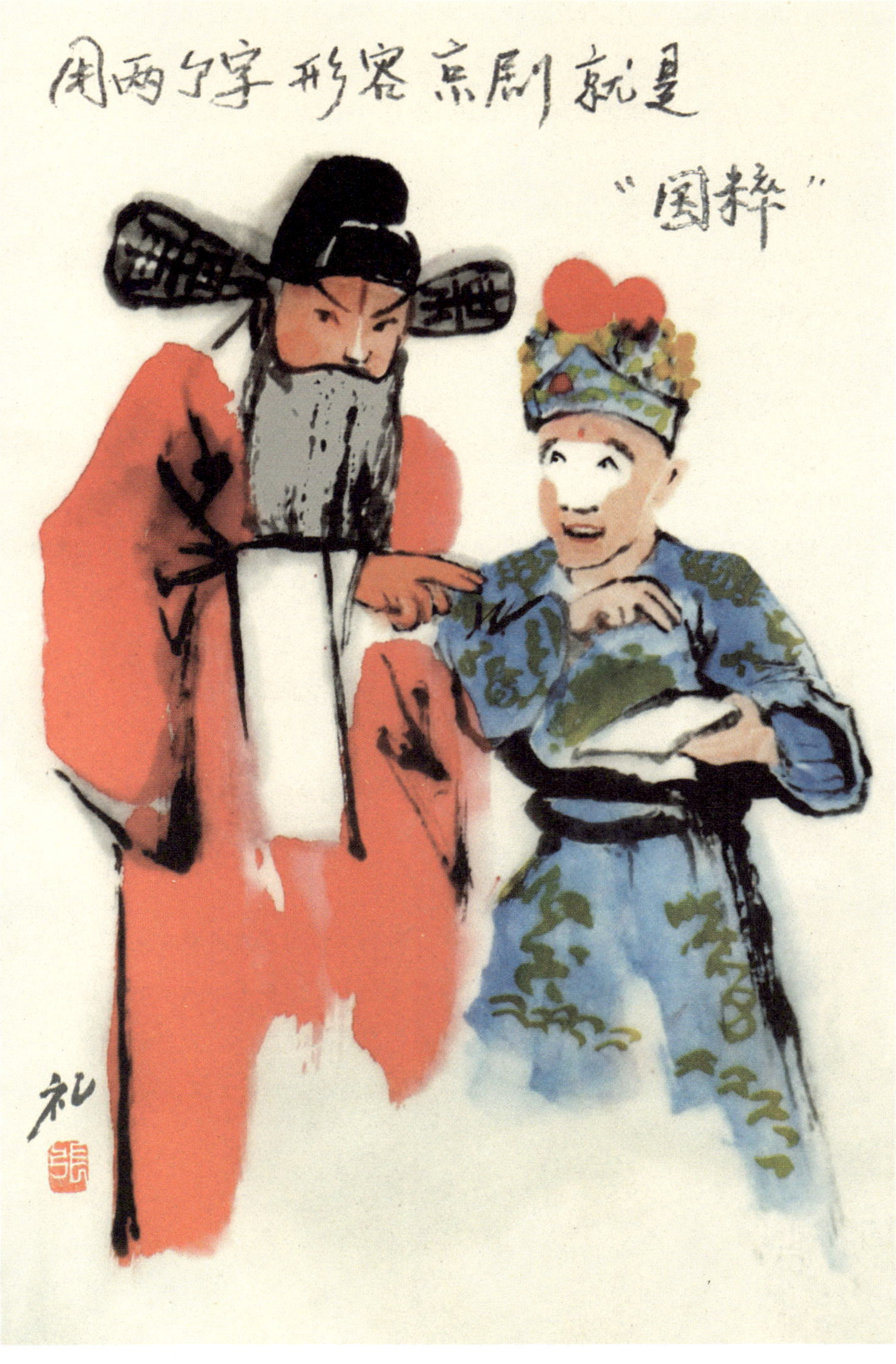
用两个字形容京剧就是
"国粹"
礼

京剧最早被称为京调、高腔、皮黄。1876年上海《申报》刊登一篇题为《图绘伶伦》的文章，第一次将其定名为"京剧"。后来，北京一度称为北平，于是京剧也顺而更名为平剧。1949年还曾改称国剧，最后定名为京剧。

【述】　京剧艺术集中体现了中国传统文化的精髓。中国戏曲文化源远流长，从两千多年前的汉代乐舞，到唐代的梨园百戏，再到宋代的南剧，元代的杂剧，明清的昆曲，都为京剧的形成提供了充足的养分。京剧形成的过程，也是在中华多元文化中海纳百川的过程。它在徽剧的基础上，融合了各种地方剧种的艺术因素和特长，形成了独有的艺术风格和艺术魅力。京剧的简约之美，可以与诗词、书画艺术相呼应；京剧的比拟、象征表现手法，也与古典文学常用的修辞手法相仿；京剧唱腔中的旋律，和古代诗词歌赋的韵律一样。就连京剧服装，也是综合了唐宋明清不同时期的服饰特点加以美化的成果。另外，京剧的代表性、普及性、影响力，也是其他剧种所不能比拟的。所以，现在人们一般把京剧称之为国粹或国剧。

中国京剧现已被列入联合国人类非物质文化遗产代表作名录。

【做】　1. 按照书中所附脸谱图式，自己动手绘制两到三幅脸谱图样。
　　　　2. 跟老师学唱一段京剧唱段。

【知】　京剧脸谱是京剧演员面部化妆的一种程式，用各种色彩在面部勾勒成各种纹样图案。剧中人物大都有特定谱式和色彩，借以突出人物的性格特征，表现对人物的褒贬。一般红色表示忠勇，黑色表示粗直，白色表示奸诈等。脸谱一般用于净角。丑角大都在鼻部周围涂抹小块白粉，谱式种类较少。

❸ 剪　纸

小剪刀，咔嚓嚓，

我们在家剪窗花。

剪朵梅花五个瓣，

剪只喜鹊叫喳喳。

剪出一轮红日照，

剪个福字门上挂。

再剪一个胖娃娃，

抱着鲤鱼笑哈哈。

【源】　　剪纸，中国民间传统装饰艺术的一种。全国各地民间都有不同风格的剪纸作品。早在汉唐时代，民间妇女就有使用金银箔（bó，金属薄片）和彩帛（bó，丝织物）剪成方胜（由于剪纸技艺精致高超，时人喻之为胜。花草形状的叫华胜，人形的叫人胜，几何状的叫方胜）花鸟贴在鬓角为饰的习俗。后来逐步发展，每逢节日，人们用色纸剪成各种花草、动物或人物的图样，贴在窗户上（叫窗花）、门楣上（叫门签）作为装饰。有的人用一种特制的刻刀刻制，称为刻纸。

　　剪纸一词，最早见于唐杜甫诗句："剪纸招我魂。"（《彭衙行》）（按：剪纸作旐，以招人魂，是古时风俗习惯。旐：zhào，古时旗子的一种）现在能见到的最早剪纸作品，是20世纪60年代在新疆阿斯塔纳墓出土的"对

对鹿团花（传统剪纸）

过年贴窗花

鹿团花"残片（见本书10页）。"对鹿团花"是把纸张作辐射状折叠后剪出的
多边形图案。作品中，鹿的形态简洁洗练，生动自然，双鹿尾梢相连，四脚直
立。这幅剪纸寓意吉祥，很富于装饰性，艺术上相当成熟。

【述】　　剪纸是中华民族艺术园中一枝传统之花。由于它使用的工具和材料简单、
　　　　普通，因此也是民间十分普及、应用范围很广的一门艺术。除直接贴在窗户上

剪喜字

斗鸡图

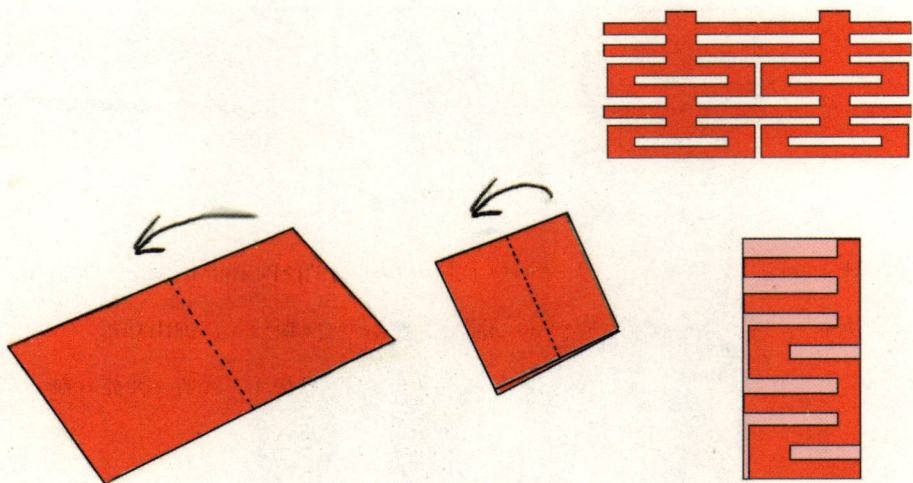

双喜的剪法

的窗花，贴在门楣上的门签，以及年节喜庆用的灯花、喜花、礼花之外，还有用作刺绣底样的鞋花、枕花、围涎花等。古代的陶器瓷器和印染品上也多有用剪纸花样的。剪纸多以具有浓厚民间色彩的神话、传说以及世代流传的风情民俗故事为主要呈现内容。民间艺人精雕细刻的剪纸作品，不仅有花鸟鱼虫、飞禽走兽，还有以《红楼梦》《水浒传》《西游记》等古典名著为题材的作品。

剪纸艺术活动是与我国民间风俗习惯密切结合的，它的产生曾受到其他艺术形式的启发，而随着它的发展，又将自身的艺术特点渗透到别的手工艺领域，成为日常应用的装饰艺术门类，在生活的许多方面都起着美化和教化的作用，这正是促使这一民间艺术不断发展和普及的社会基础。剪纸是一种朴实而简洁的艺术。它因受到一把剪刀一张纸的限制，必须依靠作者丰富的想象力和高度的概括力，抓住最动人、最典型的形象，运用夸张、变形等手法及简练的线条，在现实生活基础上提炼出造型上美化的艺术效果。

中国剪纸现已入选联合国人类非物质文化遗产代表作名录。

【做】　1. 根据书中提供的双喜字剪法示意图，动手剪制双喜字一枚。

2. 试着自己剪制一张富有创意的剪纸作品，在班内举办一次同学们的剪纸作品展。

【知】　　在山东，民间流传着一种能活动的剪纸，名为"斗鸡"。斗鸡剪纸由鸡身、鸡首两块剪纸组合而成。为了表现搏斗情形，在造型上，突出鸡颈上怒张的颈羽和强劲的利爪。剪成的两只鸡的头、颈羽、身躯和羽尾等，分别用线联结住。将鸡身粘固在窗户上，再将连接鸡首的线引到院内的树枝上固定。这样，风一吹、树一摇，窗户上的鸡便格斗起来。

④ 汉字书法

学书法、重师承，

老师讲、认真听。

讲道理、记心中，

动手写、少而精。

求质量、先描红①，

动脑筋、求神形。

细临帖②、练眼功，

闭上眼、见字形。

精妙处、化己用，

懂章法、高水平。

【注】   ①描红：指儿童用毛笔在红模纸上描着写字。旧有"先描红，后临帖"之说。②临帖：照着字帖练习写毛笔字。

【源】   书法，是由中国汉字特有的线条和结构形成的艺术形式。它主要是用柔软的毛笔书写，以表现形象丰富的汉字，所以它与汉字的发生和发展有着密切的关系。汉字起源较早，但那时一般作为交流工具使用。商代的甲骨文已是成熟

的汉字，在早、中、晚期表现出不同的风格，反映出一定的技巧和审美追求，已具有书法艺术的基本要素。西周青铜器和战国青铜器上的铭文，线条富有变化，排列呈明显工整化趋势。秦朝统一后，整理文字，删除异体，统一使用小篆。汉代隶书的成熟，使汉字结构发生很大变化，丰富了线条的表现力。东汉时，人们学习书法蔚成风气，出现了论述书法功能的专著，如蔡邕（yōng）的《笔论》，书法成为一种独立的艺术形式。

【述】　书法是我国历史悠久而又极具广泛群众基础的艺术，它以汉字特有的线条结构和书写规律，表现出丰富多彩的笔法、章法、墨法、笔势和笔意，反映人们的气质、情趣和审美理想，是我们的祖先在长期实践中不断美化书写形式，进行艺术创造的成果，在传统文化中具有极为尊崇的地位，受到世人普遍的喜爱，是其他艺术形式不能取代的特有传统艺术。

　　书法以毛笔为工具，笔法的运用，使书写出来的汉字笔画具有抑扬顿挫等变化。常用的基本笔法有：中锋、侧锋、藏锋、露锋、折笔、提按等，用以掌握运笔的轻重、快慢、偏正、曲直。章法是指书法作品中对字体结构和全局结构的组织方法。每个字的结构为"小章法"，字与字、行与行之间的布局结构称之为"大章法"。而墨法是指书法作品中对水墨效果的使用技巧和方法，古人讲究"有浓有淡，浓淡相生，淡处灵秀而不晦，浓处精彩而不滞"。笔势是指在汉字形体上表现出书者的不同气势，康有为认为："古人论书，以势为先。"（《广艺舟双楫》）笔意则讲求在写字运笔时，由于匠心经营和笔锋运转，所表现出的风格、功力和意境。

　　汉字书法已入选联合国人类非物质文化遗产代表作名录。

【做】　1. 找一些著名的书法作品，和同学们一起赏析。

　　2. 准备笔墨纸砚，练习不同字体的书写。

　　3. 在班级内部，搞一次书法比赛。

【知】　唐开元年间，有个叫徐安贞的人，做官时因怕事被牵累，逃隐到山里，因病声哑不能言语。数年之后，某佛寺要选擅长书法的人，为寺庙梁柱书写对联。徐安贞不小心跨过横放在地上的梁柱，犯了大忌。住持很生气，要打他。徐安贞赶紧用手在地上写道："我虽然不能说话，但学过大字书法，希望我能试试看。"结果，让他一试，庙里的众僧都心悦诚服，心甘情愿地请他写了庙里的对联和碑文，而没再计较他的过失。

⑤ 皮影戏

鼓板①铙钹②震天声，

丝竹③管弦④侧耳听⑤。

唱念做打⑥真功夫，

生旦净丑⑦无不能。

一口述尽千古事。

双手对舞百万兵。

【注】 ①鼓板：指单皮鼓和檀（tán）板两种乐器，这两种乐器是戏曲乐队的指挥乐器。②铙钹（náo bó）：打击乐器名称。③丝竹：琴、瑟、箫、笛等乐器的总称。④管弦：指管乐器和弦乐器。⑤侧耳：形容认真（倾听）。⑥唱念做打：戏曲表演的四种艺术手段，通常称为"四功"。唱为唱功，念指有音乐性的念白，做指舞蹈化的形体动作，打指武打和翻跌的技艺。⑦生旦净丑：中国戏曲中人物角色的行当分类。按传统习惯，有"生旦净末丑"之分。近代以来，由于不少剧种的"末"行已逐渐归入"生"行，通常把"生、旦、净、丑"作为行当的四种基本类型。

【源】 皮影戏，又称影子戏、灯影戏、驴皮影，是融绘画、镂镂（zú lòu，刀刻）、音乐、操纵、演唱于一体的民间表演艺术。皮影戏最早起源于两千多年前的汉代，成熟于唐宋时代，兴盛于清代以降。据周怡白《中国戏剧史长编》介绍：这门艺术是由汉代一位山东人发明的，"因爱妃李夫人过早去世，（汉武）帝思念不已。时有齐人名（李）少翁言能致其神，于是乃夜张灯烛，设帷帐，陈酒肉，帝居他帐遥望。见有好女如夫人之貌，还幄坐而步，仿佛夫人之像。由是后有影戏"。

最早的皮影，"以素纸雕镞"，也就是说，最早的皮影是用白纸描绘雕刻而成的。到了宋代，皮影戏已是民间喜闻乐见的演艺形式之一，因为纸影容易破裂损坏，遂"以羊皮雕形，用以彩色妆饰，不致损坏"（吴自牧《梦粱录》）。

明清以后，皮影戏发展成为我国北方地区节庆日的一种群众性娱乐形式。在民间乡镇，大大小小的皮影戏班比比皆是。无论逢年过节、婚娶宴客、庆丰祈福、添丁增寿，都少不了搭台唱戏。一些连台本戏要通宵达旦或连演十天半月不止。庙会、集市上也经常可以看到，十几个影班对垒唱戏，热闹非凡，其盛况可想而知。

自13世纪元代起，皮影艺术还随着海陆交往，相继传入波斯、阿拉伯、马来群岛以及土耳其、泰国、缅甸、日本、英国、法国、德国、意大利等，受到当地人民的喜爱和追捧。由于皮影戏是世界上最早由人配音的活动映画艺术，所以有西方电影学家认为，中国的皮影戏是电影的开山鼻祖。

【述】　皮影戏表演时的皮雕傀偶，用经过风干、捶薄的牛、羊、驴等兽皮按形雕镞、着色、装订，再涂上透明的油料而成。皮影戏一向保持着纯朴奔放的民间艺术特色，以夸张的造型、简练的线条、鲜明的色彩、优美的唱腔，生动地刻画出不同时代历史故事、神话传说和戏曲中善恶忠奸等典型形象，强烈地反映了人们的爱憎情感。

皮影戏表演时，艺人们在白色幕布后面，一边操纵皮影人物，一边用当地流行的曲调唱述故事情节，同时配以打击乐器和弦乐，有着浓厚的乡土气息。

为适应幕影表现，皮影戏造型艺术风格多采取抽象与写实相结合的手法，对人物及景物进行大胆的平面化、艺术化、戏剧化、卡通化综合性处理。人物脸谱、衣着服饰造型生动形象、夸张幽默。其雕工之流畅，着色之艳丽以及通体剔透和四肢灵活的制作效果，令人赏心悦目，爱不释手。由于皮影造型古朴

典雅、地域色彩浓重，既具有艺术欣赏性，又具有极高的收藏价值，所以国内外很多博物馆、收藏家等都有皮影收藏。

"三尺生绡（xiāo，绸子）作戏台，全凭十指逞诙谐；有时明月灯窗下，一笑还从掌握来。"该诗形象地表达了对皮影戏艺人的赞颂。

皮影戏历史悠久，艺术价值和传承价值非常高。2011年，中国皮影戏入选联合国人类非物质文化遗产代表作名录。

【做】　1. 请皮影戏艺人来校指导学生图绘、刀制孙悟空或其他皮影形象。

2. 学习操纵皮影并根据人物形象配唱有关唱段。

【知】　剪纸艺术中，戏文人物的造型与皮影戏的程式往往极为相似，如脸谱、盔冕、服装及动作等。素有"小皮影"之称的陕西关中朝邑镇人物剪纸，就很有代表性。"小皮影"体型较小，仅相当于皮影的七分之一，强调结构的连贯性和独立性，主要抓住皮影戏角色动作中最具关键性的形态特征，扬长避短，形成自己的特色。朝邑是陕西东路皮影和皮影戏碗碗腔音乐的发源地，每逢年节，家家户户都在窗格上贴满了形态各异的"小皮影"。它与皮影同样是民俗生活中一种惹人喜爱的技艺形式。

⑥ 珠　算

四框一梁像座城，

里面住着许多兵。

上城一个顶五个，

下城个个数得清。

打起仗来噼啪响，

就是不见兵出城。

亿万千百数得快，

加减乘除算得精。

【源】　珠算是以算盘为工具进行数字计算的一种技艺。算盘在我国历史悠久，是我们中华民族宝贵的文化遗产之一。

　　在远古，人类刻木记事，结绳记数。后来，人们在劳动中创造了更多工具，生产有了发展，特别是商品交换出现以后，用结绳记数、手指记数已不能适应需要，于是"古人布算为筹"，发明了算筹（即小竹棍），用算筹表示数目进行计算叫作"筹算"。珠算和算盘就是在古代筹算和算筹的基础上发展演变而来的。

　　我国东汉灵帝时（168—189），东莱（今山东莱州）人徐岳的《数术记遗》中就有了关于珠算的最早记载。书中记述，徐岳的老师刘会稽曾访问过道

八上三去五进一……
七退一还五去二……
一阵噼啪响.
账目门清.

算盘

这可是最古老的计算机

家天目先生，天目先生向他解释了十四种计算方法，其中一种就是珠算。书中说："珠算，控带四时，经纬三才。"到了南北朝时期，甄鸾对此做了注解："刻板为三分，其中上下二分以停游珠，中间一分以定算位。位各五珠，上一珠与下四珠色别，其上别色之珠当五，其下四珠，珠各当一。至下四珠所领，故云'控带四时'，其珠游于三方之间，故云'经纬三才'也。"这种被称为"刻板"的算具，上面各一珠，下面各四珠，上下珠不同色，是今日算盘的雏形。

唐宋时期，是我国政治安定、经济繁荣、文化鼎盛时期，为适应商业计算的发展，算盘应运而生，珠算计算技术也有了很大改进。宋末元初诗人刘因曾以《算盘》为题赋五言绝句一首："不做瓮商舞，休停饼氏歌。执筹仍敝篇（lù，竹子编成的箱子），辛苦欲如何。"

明清以降，珠算和算盘更加普及。明初《魁本相对四言》中绘有梁上二珠下五珠的十档算盘图，其形制与现代算盘已无大异。明永乐年间《鲁班木经》介绍了制作算盘的规格、尺寸；明代数学家程大为的《直指算法统宗》一书，则对珠算的各种计算方法做了完整、系统的介绍，可谓集珠算之大成者。

【述】　珠算作为中华民族的一项伟大发明，从其诞生到现在已有近两千年历史。如今，虽然电子计算机已得到广泛应用，但珠算仍在某些领域继续发挥着不可替代的作用。珠算的文化价值、实用价值、启智价值，对受教育者的人格发展和素质提高都有着不可估量的影响。珠算文化的触角至今还延伸在生活的各个角落。"开盘""收盘""操盘"显然都与珠算相关。不仅如此，还有不少常用词汇也都源于珠算和算盘。比如：三下五除二、运筹帷幄、不管三七二十一、一退六二五、打小九九、打小算盘等等。而精打细算的传统家风，与珠算文化也有着千丝万缕的关系。

当然，在科技高速发展的今天，珠算的存在与发展面临着严峻考验。这就要求我们一定要在传承这项传统文化合理因素和价值的基础上，不断改革创新，注入新的科学理论和实践方法，只要坚持"选优、易会、实用、便捷"的方向，珠算就一定会在高科技时代、信息时代继续大有可为，焕发永恒的魅力。

2008年，珠算被列入第二批国家级非物质文化遗产代表性项目名录。2013年，中国珠算被列入联合国人类非物质文化遗产代表作名录。

【做】　1. 练习珠算加法"打百子"，从1加到100，看看答案是不是5050？

2. 练习珠算加减法"九盘清"，先在算盘上拨上123456789，再连加九次123456789，得数为1234567890。然后再连续九次减去123456789，最后得数为123456789。

【知】　认识一下算盘各部位的名称：算盘的四周，叫作框。算盘中间的横条，叫作梁。从算盘顶端贯穿横梁至底端的竖棍，叫作档。一般算盘为九至十五档，每一档代表一个数位。算盘上的珠子，叫作算珠。在梁下边的算珠，一般有五颗，也有四颗的。每颗下珠表示一个单位。靠近算盘底框的一颗算珠，叫作底珠。在梁上方的算珠，一般为两颗，有的只有一颗。每颗上珠等于同档的五颗下珠。靠近算盘顶端的一颗算珠，称之为顶珠。

⑦ 牛郎与织女的传说

无父无母放牛郎，

娶个仙女做新娘。

你织布，我拿锄，

生儿育女好时光。

王母娘娘抢织女，

牛郎伤心儿哭娘。

挑着孩子就去追，

一道银河拦身旁。

每年七月初七日，

喜鹊飞来搭桥梁。

天上一家重相会，

地上女孩乞巧①忙。

【注】　①乞巧：旧时七夕节习俗。农历七月初七晚间，少女们穿新衣，设香案于庭前月下，以丝线穿于针中，以向织女乞求智巧。

【源】　牛郎织女的故事是中国民间四大传说之一，也是在我国民间流传时间最早、流传地域最广的传说之一，在我国民间文学史上具有十分重要的地位。南北朝时期任昉（fǎng）的《述异记》记道："大河之东，有美女丽人，乃天帝之子，机杼女工，年年劳役，织成云雾绢缣（jiān，古代一种质地细薄的丝织品）之衣，辛苦殊无欢悦，容貌不暇（xiá，不暇：没有空闲）整理，天帝怜其独处，嫁与河西牵牛为妻，自此即废织纴（rèn，纺织）之功，贪欢不归。帝怒，责归河东，一年一度相会。"这是早期牛郎织女故事的版本。

　　"织女""牵牛"二词见诸文字，最早出现于《诗经》中的《大东》篇。诗中的织女、牵牛只是天上两个星座的名称，它们之间并没有什么关系。到了东汉时期，在《古诗十九首》中有一首《迢迢牵牛星》，从中可以看出，牵牛、织女已是一对相互倾慕的恋人，不过诗中还没有认定他们是夫妻。在文字记载中，最早称牛郎、织女为夫妇的，应是南北朝时期梁代的萧统编纂的《文选》，其中有一篇《洛神赋》注释中说："牵牛为夫、织女为妇，织女牵牛之星各处河鼓之旁，七月七日乃得一会。"

　　可见，南北朝时期"牛郎织女"的故事和七夕相会的情节，已经初步成型，由天上的两颗星宿，发展成为夫妻。但在古人的想象中，天上的夫妇和人间的夫妇基本上是一样的。因此，故事中还没有什么悲剧色彩。

【述】　相传牛郎父母早逝，又常受到哥嫂的虐待，只有一头老牛相伴。有一天老牛给他出了计谋，教他怎样娶织女做妻子。一天，美丽的仙女们到银河沐浴，并在水中嬉戏。这时藏在芦苇中的牛郎突然跑出来拿走了织女的衣裳。惊慌失措的仙女们急忙上岸，穿好衣裳飞走了，唯独剩下织女。在牛郎的恳求下，织女答应做他的妻子。婚后，牛郎织女男耕女织，相亲相爱，生活得十分幸福美满。织女还给牛郎生了一儿一女。后来，老牛要死去的时候，叮嘱牛郎要把它的皮留下来，到急难时披上以求帮助。老牛死后，夫妻俩忍痛剥下牛皮，把牛埋在山坡上。

牛郎织女 千百年来 只有农历七月七日 才能在喜鹊搭成的桥上 见上一面

　　织女和牛郎成亲的事被天庭的玉帝和王母娘娘知道后，他们勃然大怒，并命令天神下界抓回织女。天神趁牛郎不在家的时候，抓走了织女。牛郎回家不见织女，急忙披上牛皮，担了两个小孩追去。眼看就要追上，王母娘娘心中一急，拔下头上的金簪向银河一画，昔日清浅的银河瞬间变得浊浪滔天，牛郎再也过不去了。从此，牛郎织女只能泪眼盈盈，隔河相望。天长地久，玉皇大帝和王母娘娘也拗不过他们之间的真挚情感，准许他们每年农历七月七日相会一次。相传，每逢七月初七，人间的喜鹊就要飞上天去，在银河为牛郎织女搭鹊桥相会。人们说，七夕夜深人静之时，人们能在葡萄架下听到牛郎织女在天上的脉脉情话。如果那天下雨，人们就说那是牛郎织女一家相见时流下的眼泪。

　　牛郎织女的传说可以和希腊的《奥德赛》《金羊毛》，法国的《尼贝伦指环》等故事相媲美。它典型地反映了中华民族社会、经济、文化的特征，在海内外影响很大。

　　2008年，牛郎织女传说被列入国家级非物质文化遗产代表性项目名录。

【做】　1. 背诵古诗《迢迢牵牛星》："迢迢牵牛星，皎皎河汉女。纤纤擢素手，札札弄机杼。终日不成章，泣涕零如雨；河汉清且浅，相去复几许！盈盈一水间，脉脉不得语。"

　　　　2. 该诗选自《古诗十九首》。诗作表现了动荡、黑暗的社会生活，抒发了对命运、人生的悲哀之情，艺术风格含蓄动人，朴素凝练。刘勰的《文心雕龙》称之为"五言之冠冕"，钟嵘的《诗品》赞颂它"天衣无缝，一字千金"。试将该诗翻译成现代白话文。

【知】　夏夜在室外乘凉的时候，可以看到头顶上方有一颗明亮的星星，旁边还有四颗小星，好像织布的梭子，那就是织女星。隔着银河，在东南方有一颗亮星，两旁各有一颗小星，那就是牛郎星，与织女星隔河相望。神话毕竟是神话，牛郎与织女要在一夜之间相会是不可能的。牛郎星和织女星都是离人们非常遥远的恒星。在天文学上，测量恒星之间的距离，大多用"光年"来计算。光年就是每秒钟走30万千米的太阳光在1年里所走的距离。牛郎星离我们有16光年，织女星离我们约27光年，所以看上去只是小小的光点。

牛郎星与织女星之间的距离也很远，与牛郎星同地球的距离差不多，即使牛郎跑得快，每天能跑100千米，要跑43亿年时间才能与织女相会。即使改成每秒飞行11千米的宇宙飞船，也要45万年才能飞到织女身边。即使打个电话，其电波也要16.4年才能传到对方呢。

❽ 山东快书

说蹊跷，真蹊跷，

谁见过耗子会摔跤。

（白）我就见过。

那一天我进了磨道，

有两个耗子来摔跤。

小耗子抱着大耗子的腿，

大耗子搂着小耗子的腰。

俩耗子摔得正起劲儿，

打对面"喵——"的一声来了一只大花猫。

俩耗子一见害了怕，

心里话今天要喂猫。

大花猫龇着牙咧着嘴，

大摇大摆地过去了。

你要问大花猫为啥不把耗子逮，

因为是只瞎花猫。

这只花猫刚过去，

可了不得了，又来了一只大花猫。

这只大花猫也是龇着牙咧着嘴，

大摇大摆地过去了。

你要问这只大花猫为什么它也不把耗子逮？

只因为还是那只大花猫。

（白）耶，它又回来了。

——传统山东快书小段《耗子摔跤》

【源】　山东快书是发源于山东地区的曲艺形式，清道光年间产生于鲁西、鲁中农村，迄今已有近200年历史。早期主要演唱《武松传》。因武松排行老二，故俗称"说武老二的"。又因武松身材高大，所以民间又称其为"唱大个子的"。还因其伴奏乐器和演唱风格不同，亦名"竹板快书""滑稽快书"等。1947年，著名曲艺表演艺术家高元钧去上海演出，1949年他在大中华唱片厂录制《鲁达除霸》唱片时，文艺界依据其源流、语言及其他艺术特点，正式定名为"山东快书"。

清道光六年（1826），落第举子十余人归途中遇雨滞留临清，为发泄胸中愤懑之情，以当地流传较广的武松故事为基础，创作了长篇唱词《武松传》的雏形，由作者之一的李长清带回东阿交给其表弟、山东大鼓艺人傅汉章排练演唱。傅汉章潜心研究并借用山东大鼓犁铧片（后改为月牙铜板）伴奏，在山东大鼓老牛大撮（zuó，揪的意思）缰调质朴腔调的基础上，创造出特有的韵诵体唱法。道光十九年（1839）首演于曲阜孔林前的林门庙会，大获成功，并被当时的衍圣公孔祥珂召进孔府演唱堂会。可以说，傅汉章是山东快书这一新型艺术形式的创始者。

早期山东快书的韵诵唱法，基本句式多为七字句或加三字头的十字句。演唱风格依然保持着早期山东大鼓刚健浑厚、吐字重浊的特点。由于其形式新颖，快书主人公武松又招人喜爱，很快就被群众欣然接受，使得这个曲种得以

一副铜板敲出耙辫以节奏，加上说书人出神入化以表演，同样吸引着很多听众迅速发展，表演形式也日臻成熟，并逐步形成了三大艺术流派：一是以高元钧为代表的高派，注重人物刻画，表演风趣生动；二是以杨立德为代表的杨派，擅长俏口，语言幽默。杨立德父亲杨凤山的山东快书表演早在民国初年便在济南久负盛名，曾与山东落子艺人苟春盛、木板大鼓艺人黄春源并称"苟、杨、黄"，为当时济南书坛三大名家；三是以于传宾为代表的于派，以四页竹板伴奏，演唱颇有气势，主要流行于济南长清、平阴一带农村。

山东快书表演艺术代表性人物高元钧（1916—1993），生于河南宁陵县。他幼年家境贫寒，7岁跟着二哥打花鼓要饭，后在徐州拜戚永立为师，学习山东快书。18岁时来到山东，数年间三次到济南生活、演出。第一次在济南期间，他曾在大观园李泰祥茶社、南岗子黄老妈妈书棚、十一马路西市场等地撂地演出，其间，还曾为当时主政山东的韩复榘演过堂会。1938年高元钧第二次来济南，演出地点在大观园商场北门，与刘宝全、张寿臣等名家一起演出，后又改在大观园共和厅南侧与于传宾、周同宾等人一起演出。1941年他第三次来济南做了短暂的演出。1947年高元钧赴上海参加左翼作家举办的"纪念五四，反饥饿、反迫害、反内战"演出活动，他演唱的《武松赶会》《鲁达除霸》等歌颂英雄侠义、为民除害的节目，深受广大观众欢迎，并得到郭沫若、田汉、洪深等文坛名家的高度称赞，誉称他为"民间艺人的一面旗帜"。

【述】　山东快书以韵诵为主，间或有说白，句式多以"二、二、三"七言为主。内容长于叙事，风格粗犷明快、质朴风趣。

山东快书植根于民间，为群众喜闻乐见的传统曲艺形式。曲目有单段、长书、书帽等形式。表演讲究手、眼、身、步及"包袱"和"扣子"的运用。传统书目《武松传》《大闹马家店》等作品，极受民众喜爱。2006年，山东快书被列入第一批国家级非物质文化遗产代表性项目名录。

【做】　1. 在老师指导下，掌握击打铜板（鸳鸯板）的基本技巧。
　　　　2. 学习说唱一段山东快书小段。

【**知**】　说山东快书时，铜板（鸳鸯板）一般应持于左手。通常两块铜板音色、音量不会相同，应该把音色圆润、优美，音量比较响亮、柔和的选为上板，较次的一块为底板。具体拿法：把底板直形一边冲着手掌的方向，平放在中指和无名指的上方，食指和小指贴放在板上，再将小指弯曲贴向手掌，从而让出上板的击打空间；然后将中指、无名指的上指节弯曲将板扣紧；最后把上板取中放在食指上，板的直边紧紧靠在食指第三节根上，再用拇指的一侧轻轻按住。

　　拿板的姿势，开始要注意，上臂自然下垂，小臂向右前方伸平；手腕也要伸直，保持底板水平，这样加上手指的力量，板就不容易脱落。要注意多练习手指的力量，把两块板控制好，尤其是上板容易滑动，要控制使它的位置保持适中、均衡。

⑨ 吕　剧

——《王小赶脚》①

小黑驴，颠达颠，

一颠颠到张家湾。

二姑娘骑驴王小赶，

一腔吼出盖云天。

有说有笑路途短，

有板有眼日子甜。

【注】　①《王小赶脚》：吕剧传统剧目。该剧反映了农村新媳妇二姑娘雇驴
回娘家，一路上与驴主王小通过雇驴、讲价、骑驴、追驴、上山、过河、
观景、数钱、赠挎包等情节，表现了二人的内心世界和喜悦心情，两人说
说笑笑，直到张家湾。该剧乡土气息浓郁，唱腔酸中带甜，令人陶醉。

【源】　吕剧自形成以来，至今已有一百多年的历史。纵观吕剧艺术的整个历史
演变过程，大体上是循"山东琴书（即坐腔扬琴）——化装琴书（又称化装扬
琴）——定名为吕剧"的脉络发展起来的。

　　山东琴书最早产生于鲁西南一带，距今已有二百余年的历史。由于早期多
由民间艺人在农村传唱，始称为"小曲子"，后因其伴奏乐器主要为扬琴，故被
称为"扬琴"。后来，说唱山东琴书的民间艺人，进入较大城市或到外省演唱，

曾被称为"文明琴书""山东扬琴"等，至1933年始定名为"山东琴书"。

清光绪二十六年（1900）冬，以东路琴书艺人时殿元为首的同乐班，尝试着将《王小赶脚》改为化装演出，采用民间舞蹈跑驴的形式，用竹、纸、布扎成驴形，加以彩绘，一演员身绑彩驴，做骑驴状；一演员执鞭赶驴；另有艺人操坠琴、扬琴、竹板等乐器伴奏，演员在音乐声中载歌载舞。此种表演形式别开生面、生动活泼，初次演出便获成功。第二年初春，时殿元等又将许多琴书篇目，由坐腔形式改为化装演出，带领同乐班遍走博兴、广饶、潍县（今潍坊市区）、诸城、掖县（今莱州）、黄县（今属龙口市）等地。所到之处，深受群众喜爱。因演出《王小赶脚》时以"驴"为道具，群众就把同乐班称为"驴戏班"，把所唱剧种称为"驴戏"。时殿元感到此名不雅，每到一地首先声明唱的是"化装扬琴"。

1917年，由广饶县化装扬琴艺人张凤辉等人组成的车里班首先进入济南演出。此后，不少剧班也纷纷进入济南城表演。有的班社还经常到烟台、青岛甚至东北的大连、长春、哈尔滨等城市演出，进一步扩大了该戏的影响。新中国成立后，化装扬琴剧种获得了新生。1953年依"驴戏"谐音，正式将化装扬琴定名为"吕剧"，遂成为遍及山东、享誉全国的剧种，并流传至今。

【述】　吕剧音乐是在由民间俗曲演变而来的"坐腔扬琴"的基础上逐渐发展而成的。其最为突出的特点是：既是"戏曲"，又是"曲艺"。其唱腔以板腔体为主，兼唱曲牌。曲调简单朴实、优美动听、灵活顺口、易学易唱。吕剧的伴奏乐器分文场和武场。文场伴奏乐器主要是坠琴、扬琴，其次为二胡、三弦、琵琶、笛子、唢呐等。后来在发展中又增加了一些西洋管弦乐器。武场伴奏乐器主要有皮鼓、板、大锣、小锣、大铙钹、堂鼓、打鼓等。

吕剧的演唱方法，男女腔均用真声为主，个别高音之处则采用真假声结合的方法处理，听起来自然流畅。吕剧的唱腔讲究以字设腔，以情带声，吐字清晰、口语自然。润腔时常用斜滑音、颤音、装饰音，与主要伴奏乐器坠琴的柔音、颤音、打音、泛音以及上下倒把所自然带出的过渡音、装饰音浑然一体，使整个唱腔优美顺畅。

《王小赶脚》这个喜剧
就是吕剧的前身

　　吕剧使用的语言属北方语系的济南官话。其重字规律和读音咬字方法都与普通话多有近似之处。吕剧传统剧目的舞台道白，是在以济南官话为标准的基础上偏重于上韵；而现代戏的道白则直接使用济南话，具有鲜明的地方特色。

　　2008年，吕剧被列入国家级非物质文化遗产代表性项目名录。

【做】　1. 跟老师学唱一段吕剧小段。
　　　　2. 有兴趣的同学可学习一下坠琴演奏。

【知】　吕剧《李二嫂改嫁》是20世纪50年代初期首演的优秀剧目。该剧讲述的是解放战争时期山东解放区农村，年轻寡妇李二嫂过着孤苦伶仃的生活，经常受恶婆婆"天不怕"的折磨。青年农民张小六在劳动生产中帮助她，她也在生活上照顾张小六。二人由此产生了爱情，却受到了旧习俗势力和婆婆的反对。"天不怕"和其族弟李七商定，趁张小六支前的时候，另行说媒，破坏李二嫂和张小六的爱情。李二嫂参加了妇救会和识字班，在妇女主任的帮助下，冲破了封建势力的束缚，同"天不怕"进行了坚决的斗争，终于和从前线立功回来的张小六结为恩爱夫妻。剧本通过李二嫂这一艺术形象，反映了在政治上翻身解放的农村妇女要求婚姻自由的强烈愿望，反映了妇女解放中所遇到的自身的思想斗争及与外部世界的冲突。

⑩ 风 筝

三月三^①，艳阳天，

忙趁东风放纸鸢。^②

你放只蝶，我放条龙，

高低远近一线牵。

草青青，天蓝蓝，

放飞梦想到云端。

【注】　①三月三：指农历三月初三。该日是我国许多民族的传统节日，也称作上巳节。②纸鸢（yuān）：纸制风筝。鸢：古时指老鹰，后多代指风筝。该句出自清代诗人高鼎的《村居》："草长莺飞二月天，拂堤杨柳醉春烟。儿童散学归来早，忙趁东风放纸鸢。"

【源】　我国风筝起源于春秋战国时期的"木鸢"，至今已有两千多年历史。木鸢，即用木板或竹片做成的鸟状滑翔飞行物。《韩非子》（先秦法家学说集大成之作）记载："墨子为木鸢三年而成，飞一日而败。"《墨子》（墨子学派的著作总汇）也记载："公输子（即鲁班）削木为鹊，成而飞之，三日不下。"汉代发明了造纸术，为"鸢"的制作提供了崭新的材料。随后，出现了竹制、木制框架，纸糊绳牵的"纸鸢"。明朝《古今事物考·风筝》记载："汉高祖之征陈豨

也，韩信谋从中起，故作纸鸢放之，以量未央宫远近，欲穿地隧入宫中，今谓之风筝。"从纸鸢到风筝，经过了一千年左右的发展。大约在五代时期（907—960），有人把风笛装在纸鸢上，纸鸢升空后，风一吹，风笛便发出声响，犹如筝鸣，所以人们便把这种纸鸢称之为"风筝"。到了清代，制作风筝的工艺更加精美，在造型、绘画、配备音响等方面均达到了很高水平，并形成了山东潍坊、北京、天津各具特色的三大风筝产地，享誉海内外。

潍坊风筝兴于明代，盛于清代，当地早在乾隆年间就出现了专卖风筝的市场。潍坊风筝风格独特，样式繁多，名扬世界各地。每年4月举办的潍坊国际风筝节，吸引了众多的中外游客，从1984年至今已连续举办33届。

【述】 根据扎制工艺、造型、彩绘内容、放飞形式的不同，风筝的花色品种有数千种之多。主要分为软翅、硬翅、板子、串式、船式、筒式等大类，一般采用竹绢、竹纸、塑纸结构，大小各异，大逾百米，小如拇指。潍坊风筝的代表作有串式风筝"龙头蜈蚣"、软翅风筝"仙鹤童子"以及取材于《封神榜》的"雷振子"风筝等。其内容大多取材于神话传说中的各种人物、禽兽和花鸟鱼虫等。在发展过程中，由于风筝艺人在彩绘风格上的差异，潍坊风筝形成了不同流派。其中，唐家风筝色彩浓艳，取用间色，雅俗共赏；郭家风筝注重写实、精于画工，形象逼真；王家风筝色彩淡雅、风格清新；杨家风筝对比强烈，色彩浓重；孙家风筝则多用图案式、花纹式，线条简洁，色彩醒目。

风筝既是一种娱乐玩具，也是一种艺术品；可以放飞，也可以挂于室内作为装饰。放风筝既是陶冶性情的艺术享受，又是有益身心健康的体育活动。风筝高入云端，放时翘首仰望，极目远视，调节眼肌，对于青少年预防和治疗近视也有着积极作用。

2006年，潍坊风筝被列入第一批国家级非物质文化遗产代表性项目名录。

【做】 1. 备好竹条、纸张、胶水、线绳、彩绘工具，在老师指导下，动手扎制一只风筝。

一只风筝，
一根丝线，
牵动了无数未泯的童心。

2. 把扎制好的风筝在校园内试着放飞一下。

【知】　《红楼梦》第七十回有一段关于放风筝的描写。在曹雪芹笔下，风筝可谓样式多种，有大蝴蝶、大凤凰、大鱼、大螃蟹、大红蝙蝠、一连七个大雁，还有喜字风筝、美人风筝等。谈到放风筝的用具和附加物，则有缠线用的籰（yuè）子（缠绕丝线的工具，俗称线拐子），各式各样的"送饭的"（以纸圈、纸套之类套在风筝线上，利用旋升力使其慢慢升至风筝下端），还有拖在风筝后边能在半空中发出"钟鸣一般"声响的响鞭。谈到放风筝的技巧，作者认为站在山坡高处容易放起来。贾宝玉放了半天也没把美人风筝放起来，急得头上直出汗，原来是顶线没安妥，林黛玉又拿了一个打好顶线的风筝让宝玉放，"大家都仰面而看，天上这几个风筝都起在半空中去了"。放过风筝的人都知道，调整风筝顶线是放起风筝的一个关键手法，曹雪芹当然熟谙此道。

11 蹴 鞠①

黑白足球溜溜圆，

绿茵场上团团转。

两队健儿来激战，

人人都是英雄汉。

你攻我守凌空射，

左铲右顶复长传。

九十分钟决胜负，

欢呼声声震云天。

【注】 ①蹴鞠（cù jū）：我国古代的一种足球运动。蹴：踢。鞠：球。

【源】 蹴鞠，又称为蹋鞠，是我国古代的一种体育运动项目。早在战国时期，蹴鞠就在齐鲁大地盛行。"临淄甚富而实，其民无不吹竽（yú，古代吹奏乐器，形状类似今日的笙）鼓瑟（弹奏琴瑟。瑟音sè，古代弦乐器，像琴，一种有二十五根弦，一种有十六根弦），弹琴击筑（筑：旧时读zhú，是战国时期的一种流行弦乐器，形似筝），斗鸡走狗（古代游艺），六博（也作陆博，古代民间一种博戏类游戏，六白六黑十二个棋子，以吃子为胜）蹋鞠者"（《史

蹴鞠这项在我国汉唐时
期就有的体育活动,可是足球这
项运动之老祖宗。

记·苏秦列传》）。临淄在山东中部，曾为齐国首都。上面这段记载，可见蹴鞠在战国时就已在民间普及。

在古代，"鞠"是一种足球，用皮子做成圆形球，内里充填毛发之类的东西，为实心皮球。唐代改为由八片大小相同的三角形皮子缝制而成的空心球，玩时吹上气密封好。宋代又发展为由十二片皮子制成的皮球。蹴鞠的形式历代也不尽相同。最初是在地面上挖些小浅坑，称为"鞠域"，比赛时把球踢进鞠域，相当于今日球被射入球门。唐代则进一步发展，出现了双球门。比赛场地上，球门设在两根几丈高的竹竿上。上面安有球网。比赛时，场上双方各出六人，另外各出一人守护球门。比赛中，球员抢球、持球、传球，快速跑动、穿插阻拦，相互展开激烈争夺。既要竭力保护好自己的球门，又要想方设法攻破对方球门，以进球多少而决定胜负，宛如现代的足球运动。

【述】　蹴鞠，是一种令人着迷的体育运动，它以极强的趣味性、娱乐性、竞争性，吸引了众多的人。因此，在其产生后的两千多年的时间里，不断随着人们的交往和流动而向世界各地传播。蹴鞠从汉唐时期开始向日本和高丽（今朝鲜半岛）传播，以至于现在韩文汉字中，足球依然写作"蹴球"。蹴鞠国际传播的西线路径主要是通过陆上丝绸之路，将其传播到中亚和中欧各国，在《马可·波罗游记》中就有"中人蹴鞠于西地，蹴之以为乐"的记载。蹴鞠向南线的传播主要通过海上丝绸之路，郑和曾带领庞大船队七下西洋，不仅带去了中国的陶瓷、丝绸，也带去了当时在军中流行的蹴鞠文化。在此过程中，古老的蹴鞠也就自然而然地发展成为一种世界性的竞技运动，为现代足球的诞生奠定了基础。

现代足球与中国古代蹴鞠一脉相连，所以，2004年国际足联正式确认足球起源于古代中国的蹴鞠。2006年，蹴鞠被列入第一批国家级非物质文化遗产代表性项目名录。

【做】　1. 组织一次班级足球赛。

　　　2. 如有条件，在家委会组织带领下赴淄博参观足球博物馆，并写一篇游记。

【知】　南宋《武林旧事》曾列出了"筑球三十二人"竞赛时两队的名单与位置："左军一十六人：球头张俊、跷球王怜、正挟朱选、头挟施泽、左竿网丁诠、右竿网张林、散立胡椿等；右军一十六人：球头李正、跷球朱珍、正挟朱选、副挟张宁、左竿网徐宾、右竿网王用、散立陈俊等。"这应该是历史上的第一份足球"首发名单"了。

⑫ 梁山伯与祝英台的传说

碧草青青花盛开，

彩蝶双双久徘徊。

千古传颂深深爱，

山伯永恋祝英台。

同窗共读整三载，

促膝并肩两无猜。

十八相送情切切，

谁知一别在楼台。

楼台一别恨如海，

泪染双翅身化彩蝶，翩翩花丛来。

历尽磨难真情在，

天长地久不分开，不分开。

——歌曲《化蝶》歌词（作词：阎肃）

【源】　梁山伯与祝英台的传说，始见于唐代的《十道四蕃志》和《宣室志》。

传说，东晋永和年间，祝家庄祝员外的女儿祝英台女扮男装去读书。梁家庄的梁山伯和她是同学，两人一见如故，意气相投，遂在草台义结金兰，以兄弟相称。三年同窗生活，祝英台对梁山伯产生了爱意。毕业后，梁山伯外出游学，而祝父因祝英台年届及笄（jī，笄：束发用的簪子，古时女子满十五岁把头发绾起来，戴上簪子。及笄：古时指女子年满十五岁），不许祝英台随同前往。祝英台相送十八里，途中多次借物抒怀，暗示爱慕之情。但忠厚纯朴的梁山伯却不解其意。临别，祝英台又假言将家中九妹许配于梁山伯，约定时日到祝家相访。梁山伯学成后，到祝家造访，方知祝英台本是女子，已被父亲许配给马家的儿子。两人临别时，相约要生死成双。梁山伯泪别后，忧郁成疾，不久身亡。祝英台闻讯悲痛欲绝。出阁（出嫁）那天，祝英台坚持要走梁山伯墓前，上前祭奠，恸哭撞碑。此时，突然狂风大作，坟台突然裂开，祝英台跳入其中。风停后，彩虹高悬，有两只蝴蝶翩跹起舞，传说是梁祝两人之精灵所化，黑者为祝英台，黄者即梁山伯，情侣依依，形影不离，比翼双飞于天地之间。

这个故事后经历代民间艺人和文人墨客的不断加工充实，终于演绎成一个流传千古的经典传说。

【述】　梁山伯与祝英台的传说是中华文化的瑰宝。千百年来，梁祝传说以提倡求知、崇尚真情、歌颂生命生生不息的鲜明主题，深深打动着人们的心灵，以曲折动人的情节、鲜明的人物性格、奇巧的故事结构而受到民众的广泛喜爱。梁祝传说和以梁祝为内容的其他艺术形式所展现的艺术魅力，使其成为中国民间文学艺术之林中的一朵奇葩（pā，奇葩：奇特而美丽的花朵）。

梁祝传说自1700多年前的晋代形成以来，主要流传于山东、浙江等地，并向全国各地、各民族辐射流传。在传布过程中，人们又不断丰富发展传说的内容，多地还兴建了许多以梁祝传说为主题的墓碑和庙宇等。此外，梁祝传说还流传到朝鲜半岛、日本、新加坡、印度尼西亚等国家和地区，其影响之大在中国民间传说中实属罕见。人们用丰富多彩的文艺样式来表现这个美丽动人的故事，仅戏曲剧种就有30多种，曲艺20多种，更有上百首歌谣、数百种工艺品，以及电影和电视作品。据梁祝传说改编的越剧《梁山伯与祝英台》、小提琴协奏曲《梁祝》、电影《梁山伯与祝英台》等各种文学艺术作品，构成了庞大的

三载同窗，十八相送演绎出一段中国式的"罗密欧与朱丽叶"

梁祝文化系统。

　　梁祝传说是中国四大民间传说之一，2006年被列入第一批国家级非物质文化遗产代表性项目名录。

【做】　1. 学习演奏小提琴曲《梁祝》的一个曲段。

　　2. 通过欣赏小提琴协奏曲《梁祝》，提高学生感受、分析和鉴赏音乐作品的能力。

　　3. 学唱歌曲《化蝶》。

【知】　小提琴是一种擦奏弦鸣乐器，大约形成于欧洲文艺复兴时期。其指板用坚硬的乌木制成。四根弦缠于弦轴的内侧，越过弦枕、指板和琴马，固定在系弦板上。琴弦的有效发音部位在琴马和弦枕之间。弦的振动由琴马传至腹板（用松木制成），再从腹板通过音柱传导到背板（用纹理美丽的枫木制成），从而发出小提琴天鹅绒般柔美的独特音响。莫扎特的三部协奏曲、贝多芬的《D大调协奏曲》、门德尔松的《E小调协奏曲》、帕格尼尼的《D大调协奏曲》、中国的《梁祝》等都是世界一流的小提琴曲名作。

⑬ 鲁 菜

齐鲁美食，

四海驰名。

佳肴①美馔②，

飨③我众生。

一提鲁菜，

如雷贯耳；

二观其色，

引人入胜；

三品其香，

回味无穷；

更述其史，

令人动容。

主客落座，

如沐春风。

济济一堂，

兴高情浓。

舌尖品出香鲜醇美，

双筷夹来春夏秋冬。

【注】　①肴（yáo）：鱼肉等荤菜。②馔（zhuàn）：饭食。③飨（xiǎng）：用酒食款待客人。

【源】　鲁菜是中国菜系名称之一。鲁菜是以齐鲁文化为根基，以儒家和谐观念为文化内核，采用多种精细制作工艺，适合山东人乃至北方人口味的风味菜肴系统。鲁菜是中国传统四大菜系中唯一的自发型菜系，也是历史最悠久、技法及菜品最丰富、难度最大、最见功力的菜系之一。它流行于山东及全国大中城市，由济南菜、胶东菜、孔府菜及鲁西南菜发展而成。传统名菜有：油爆海螺、德州扒鸡、奶汤鱼肚、软炸里脊、干蒸加吉鱼、葱烧海参、清汤燕窝、干炸赤鳞鱼等。

鲁菜的独特风格究竟形成于何时，是很难断言的。但起码在西周时期（前11世纪—前771），山东菜肴就有了自己鲜明的特点。春秋战国时期（前770—前221），其特点就更加鲜明了。我国最早的诗歌总集《诗经》中就有"岂其食鱼，必河之鲤""炮鳖脍鲤"的记载。不难看出，当时的厨师不仅已经注意到精选食材，而且学会以"炮""脍"等技法进行烹饪加工了。

从诸城出土的汉代庖厨画像石上可以看到，庖厨处理鱼、宰羊、杀牛、宰鸡鸭的场面，以及汲水、烧火、劈柴、和面、蒸煮、烤肉等场景。值得一提的是，画面上出现的四十多人中，几乎全都戴着统一制式的帽子，足见当时鲁菜烹饪已经完全流程化。从汉代到隋代，山东的烹调技术得到长足的发展，山东菜肴的风格特点更加突出。在贾思勰（xié）《齐民要术》一书中，仅食品加工一项就写了26篇，介绍的加工品种有100多种，对各类食品加工技术，如酿、煎、烧、烤、煮、蒸、腌、炖、糟等方法，都做了介绍。在调味品方面介绍了盐、豉、汁、醋、酒、蜜、椒等。值得注意的是，该书还介绍了"炙猪（烤乳猪）""蜜煎烧鱼"的烹制方法。说明当时山东一带的烹调技艺已经相当成熟。

此后，在唐、宋、元、明、清几代，鲁菜一直处于持续发展和不断升华的过程。明清两代，鲁菜进京，成为御膳房的主菜。如有名的北京烤鸭，就起源于山东。如今，鲁菜不光在国内各地影响巨大，而且早已香飘海外了。

糖醋鱼

三下五除二不一会一条活蹦乱跳的鲤鱼在大厨的手里就变成了一盘色嫩味佳里嫩外酥甜可口的

【述】　鲁菜在漫长的发展过程中，经过不断传承和改进，渗透了丰富的人文气息。在鲁菜的形成发展中，深受儒家文化熏陶，在饮食方面自然推崇孔夫子提倡的"食不厌精，烩不厌细"，力求素精饮馔。在鲁菜的制作上，要求不仅料精、细作，火候严格，还要巧于变换调剂，应时新鲜。更为重要的是，传统鲁菜秉承礼制，在规格上则以用料高低和上菜的多少而定；席面珍馐罗列，杯盏并陈，除装饰和餐具极为考究外，还要伴之以钟鼓礼乐，气氛超然，堪与宫廷御膳相媲美。各种宴席的搭配，包括主菜、大件菜、配伍菜都有一定的程式。当然随着时代的发展，鲁菜不断吸收不同饮食文化的精髓，使鲁菜体系的霸主地位更加稳固。现今鲁菜在起菜顺序上，都是先上水果，再上主菜，其次是点心和面食。这种礼制与现代健康的饮食理念不谋而合。因为餐前吃点水果，可使胃口提前活动，有利于主餐的摄取；鲁菜使用大件分餐制，来客一人一盅，足显分量，同时又符合现代健康养生理念。

　　2006年，鲁菜烹饪技艺被列入山东省第一批非物质文化遗产代表性项目名录。

【做】　1. 由家委会组织学生到一家老字号鲁菜店品尝一下鲁菜代表性菜品，听鲁菜厨师讲一下菜品来历和菜品故事，写一篇作文。

　　2. 在家长的指导下，试做一款简单的鲁菜菜品，如木须肉、锅塌菠菜。

【知】　奶汤蒲菜是著名鲁菜传统汤菜。以蒲菜为主料，配有苔菜花、冬菇、火腿，加奶汤（即用肥鸡、肥鸭、猪肘子为主料，反复用大火沸煮，制成乳白色的肉汤）烹制而成。其做法为：先将蒲菜去皮，削去后梢。苔菜花去皮，均切成3厘米长、1厘米宽、0.2厘米厚的片，冬菇、火腿均切成片。将蒲菜、苔菜花、冬菇入开水锅中焯过捞起沥干。炒锅内放入葱油，烧至四成热，加入奶汤烧开，放入蒲菜、苔菜花、冬菇及精盐、姜汁、葱椒、绍酒，沸后盛在瓷器内，撒上熟火腿片即成。此菜具有色泽乳白清雅，菜质脆嫩，汤鲜味醇的特点。该菜品曾登上大型纪录片《舌尖上的中国》，从而被海内外观众所熟知。

⑭ 孟姜女的传说

正月里来是新春，
家家户户喜盈盈。
人家夫妻团圆聚，
孟姜女丈夫修长城。

夏夜银河飞流星，
牛郎织女喜相逢。
孟姜女独自望长空，
思念亲人泪蒙蒙。

九月里来起秋风，
针针线线密密缝。
缝进相思缝进爱，
缝件棉衣你过冬。

孟姜女送衣千里行，
声声唤夫夫不应。
哭倒了长城八百里，
只见寒骨冷清清。

——据民歌《孟姜女哭长城》①改编

【注】 ①民歌《孟姜女哭长城》：又名《十二月花令》，歌词共12段，每段四句，以"十二月体"为基础，用时令、花名为序引，讲述了孟姜女与丈夫生离死别的故事。

【源】 孟姜女的传说说的是：秦始皇统一六国后，在全国各地征集数十万民夫，将秦、燕、赵三国北边的城墙连通、修缮合一，修筑万里长城。有个叫万喜良的书生，因为逃避官方的追拿，翻墙逃进孟家院子、躲在丝瓜架下，正好被游园的孟姜女发现，万喜良连忙起身作揖哀告。孟姜女告知父亲，孟老汉见万喜良一表人才，又知书达礼，于是提出把孟姜女许配给他。正当二人于良辰吉日即将拜堂成亲时，不料闯进几个官兵，把新郎万喜良抓去做了民夫。孟姜女日日哭、夜夜哭，转眼已是一载。万喜良一去后杳无音信，眼看天寒地冻，孟姜女万分不放心，夜赶寒衣，辞别二老，风餐露宿、饥寒交迫，一路打探着寻到长城脚下，却听得其他民夫说丈夫早已累死，尸体不知埋于何处。孟姜女顿时痛哭失声，只哭得日月无光、天昏地暗，只哭得寒风悲号，海水荡波。直哭得长城一段段倒塌，足有八百里，一堆堆死人骨露出来。孟姜女为了辨认出丈夫的骨骸，咬破中指，把血滴在一堆堆白骨上，滴到万喜良的尸骨之上时，血珠凝住不动。正在这时，秦始皇巡察长城而来，看见如花似玉的孟姜女，遂起霸占之心。孟姜女将计就计，要秦始皇答应她三个条件：一要秦始皇搭起三十里长的孝棚；二要秦始皇披麻戴孝，领文武百官到祭台上吊祀万喜良；三要在成亲之前，与秦始皇游海为万喜良举行葬礼，否则宁死不从。秦始皇为了讨得孟姜女欢心，竟然一一答应。在祭祀那天，孟姜女哭完丈夫，一纵身跳入了海中。秦始皇大发雷霆，命令士兵赶忙打捞，顿时大海咆哮，狂风四起，秦始皇不得而归。

其实，她的故事最早见之于《左传》：孟姜为齐将杞梁之妻，杞梁于公元前549年在莒战死，齐庄公在郊外见到孟姜，对她表示吊慰。孟姜认为郊野不是吊丧之处，拒绝接受，于是庄公接受她的意见专门到她家里进行了吊唁。西汉时又有了孟姜女"夫死后向城而哭，城为之崩"的记载（见刘向《说苑》及《列女传》）。至于哭崩的城墙在何处，虽然有莒城说、杞梁说和梁山说不

孟姜女哭长城千百年来
一直流传民间

一，但均在齐地，而非秦之万里长城。郦道元《水经注》也认为孟姜女哭崩的是莒城。

到了唐代，这一题材演变成了孟姜女千里寻夫、哭崩万里长城的故事，具备了今天的雏形。《周贤记》把故事搬到了燕国，孟姜名孟仲姿，杞梁变成杞良。杞良为逃筑城之役，误入孟超后园。孟仲姿正在洗澡，古人贞操观念极重，信守女儿之体只能为丈夫所见的观念，故二人结为夫妻。后来杞良回到长城工地后被处死，埋尸长城之下。于是孟仲姿千里寻夫，哭崩长城，又于累累白骨中滴血验骨，终得丈夫遗骸。

唐代诗僧贯休有《杞梁妻》一诗，咏孟姜女哭长城之事。其后这一题材进入许多诗人笔下，为这一故事的广为流传起了推动作用。从元代起，孟姜女的故事开始搬上舞台。陶宗仪《南村辍耕录》、钟嗣成《录鬼簿》等对此均有记载。在这些戏曲中，孟姜转化成孟姜女，杞梁也衍生出杞良、范杞良、范希郎、范喜郎、万喜良等名。

【述】　随着孟姜女故事的流传，各地兴建了孟姜女庙。现知最早的孟姜女庙建于北宋，河北徐水和陕西铜川都曾发现北宋大中祥符和嘉祐年间重修姜女庙的碑刻。山东莱芜还发现了明代石碑《孟姜女纪铭》。许多方志都把孟姜女说成是本地人，临淄（淄博）、同官（铜川）、安肃（徐水）、山海关和潼关都有孟姜女的墓冢。清末，上海拓建马路时曾于老北门城脚掘出一石棺，中卧一石像，胸部刻有"万杞梁"三字，乃明嘉靖年间上海建城时所埋。

明清以来，该故事在民间仍继续发展演变。各地的口头讲述，把孟姜女说成是葫芦所生，由于葫芦（或瓜）牵连到隔壁而居的孟、姜两家。因称"孟姜女"。此时秦始皇也直接成为故事中的重要人物，增加了新情节。孟姜女哭倒长城后，秦始皇见孟姜女美貌，欲纳为妃，并接受孟姜女提出的三个条件，披麻戴孝，手执丧杖，为杞梁发丧。最后，孟姜女投海而死。此外，尚有秦始皇用赶山鞭，驱石填海，砸孟姜女等说法，幻想成分和传奇色彩有所增加。

孟姜女的故事反映了人民对封建暴政的痛恨及对自由幸福生活的渴望与追求，它经历了两千余年的流传与演变才形成今天的面貌。它是我国流布最广的民间传说之一，两千多年来，人们口耳相授、著之典籍、被之管弦、演于戏剧，直至今天搬上屏幕，以多种样式在民间传播，几乎是家喻户晓，妇孺皆知。

2006年5月，"孟姜女传说"被列入第一批国家级非物质文化遗产代表性项目名录。2014年，山东莱芜"孟姜女的传说"被列入第四批国家级非物质文化遗产代表性项目扩展项目名录。

【做】 以孟姜女为题材，写一首儿歌或画一幅漫画。

【知】 孟姜女姓什么？同学们可能会不假思索脱口而出："姓孟。"其实不对。孟姜女的"孟"是兄弟姐妹中排行老大的意思。古时排行称谓是：老大称"孟"或"伯"，老二称"仲"，老三称"叔"，老小称"季"。"姜"才是她的姓氏。"孟姜女"的实际意思是"姜家大女儿"。孟姜女的故事发生在齐国。齐为姜太公的封国，姜遂成为国姓。

⑮ 面　塑

捏面艺人本领大，

捏出来的面人顶呱呱。

捏的什么呀？

你说是啥就是啥。

捏一个猪八戒吃西瓜，

捏一个唐僧骑大马。

捏一个沙和尚挑着担，

捏一个猴王把棒耍。

再捏个八仙过海场面大，

再捏只喜鹊叫喳喳。

再捏个花篮摆桌上，

再捏个娃娃笑哈哈。

——据儿歌《捏面人》改编

【源】　面塑，也称面花、礼馍、花馍，俗称捏面人、捏江米人，是一种用彩色的糯米面、面粉捏成各式人物、动植物形象的民间传统工艺艺术。

据传尧舜时代，地处黄河下游的菏泽一带，常有天灾人祸，老百姓为祈

小时特爱街上捏面人的
那叫一绝啊……

祷风调雨顺、祛病避瘟，便以食用面粉调和后捏成猪羊形状，供奉神灵，谓之"花供"。唐代，已有生面塑、熟面刷色塑和熟面染色塑之分，多为供品和殉葬品。南宋《东京梦华录》中对捏面人记载道："以油面糖蜜造如笑靥儿。"那时的面人都是能吃的，称之为"果食花样"。那时的面点有"甲胄"人物、"戏曲"人物、"孩儿鸟兽""飞燕形状"等，可谓"奇巧百端"。据《中华全国风俗志》记载：山东荣成七夕"用面粉制成种种食品，或莲形，或金鱼形，或荷花形，或竹篮形等等，不胜枚举，谓之巧花"。清朝时期，捏面人从山东的庙会上流传开来，遍布全国各地。1825年，定居菏泽穆李村的王庆云与当地艺人贺胜，融合各地用料、着色方法和作品题材范围等方面的长处，使传统面塑艺术有了较大提高。

　　旧社会的面塑艺人"只为谋生故，挑担走四方"，他们走乡串村，做于街头巷尾，深受儿童欢迎，但他们的作品却被视为"小玩意儿"，登不得大雅之堂。由于面人容易发霉、虫蛀、干裂，不便保存，故被称为"短命的艺术"。经过面塑艺人的长期摸索，现在的面塑作品不霉、不裂、不变形、不褪色，因此深受人们喜爱，是馈赠亲友的纪念品和收藏品。如今，面塑艺术作为非物质文化遗产受到重视，被国际上誉为"中国的雕塑"，小玩意儿终于走入艺术殿堂。

【述】　面塑花样丰富、题材广泛，如人物有"嫦娥奔月""水浒英雄""哪吒闹海""刘海戏金蟾""猪八戒背媳妇""关公"，动物有"老虎""狗""老鹰抓兔子"等，以及瓜果花篮等。

　　面塑制作过程包括和面、制作、蒸熟、涂胶、绘色、晾干等工序，常用工具有剪刀、塑刀、骨簪、篦子、竹片、花纹模等，常用手法有揉、搓、捏、剁、压、贴、滚、碾、拨、切等。面塑不同于一般雕塑，它是从里往外、逐层捏贴，且完全是现场表演，所以艺人必须有高超的艺术创造力和想象力。表现手法上，根据艺人不同和流派不同，有的侧重于特征性情节的夸张再现，作品往往形简而意赅；有的则注重于细腻工整，作品活灵活现。色彩上更是讲究活泼跳跃，保持了民间淳朴天真的情趣和浓郁的乡土气息，有着较高的艺术价值、审美价值、收藏价值和传承价值。

2007年，菏泽曹州面人、曹县江米人以及冠县朗庄面塑被列入山东省第一批非物质文化遗产代表性项目名录。2009年，济南面塑被列入山东省第二批非物质文化遗产代表性项目名录。2015年，济宁面塑被列入山东省省级非物质文化遗产代表性项目扩展项目名录。

【做】　请面塑艺人讲一讲面塑的基本技法，用彩泥学着做一件面塑作品。

【知】　民国初年，北京有汤氏三兄弟，对面塑原料加以改进，去其开裂、变霉的缺陷，所捏面人在京城享有盛誉，故民间称汤氏三兄弟为"面人汤"，与天津"泥人张"齐名。他们曾在末代皇帝溥仪举行婚礼时，精心捏制"麻姑献寿"和"旗装宫服佳人"等面塑作品献给溥仪。至今，这些色彩艳丽的面塑仍珍藏于北京故宫博物院。"面人汤"的其他作品，如《十八罗汉朝如来》《烟鬼叹》等，曾参加1915年巴拿马国际博览会，并多次在国际上获得大奖。

⑯ 鲁　绣

一根绣花针，

二尺绸罗锦。

飞针走线千万次，

绣幅画儿看得真。

绣上一片山和水，

绣上鸟儿栖①树林。

绣几个孩童扑蝴蝶，

绣成一片牡丹春。

【注】　①栖（qī）：鸟停在树上。

【源】　刺绣艺术，又名"针绣"，俗称"绣花"。它以绣针引彩线（丝、绒、线），按设计花样，在织物（丝绸、布帛）上刺缀运针，以绣迹构成图样或文字，是我国优秀的民族传统工艺之一。过去因刺绣多为妇女所作，故又名"女红（gōng）"。

　　周代有"绣缋（huì，同'绘'）共职"的记载。《诗经》中也有"素衣朱绣"的记载。湖北和湖南出土的战国、两汉的绣品，水平都很高。

　　唐宋刺绣施针匀细，设色丰富，盛行用刺绣制书画、饰件等。如，宋朝

一针一线的民间刺绣
汇集成今天富有特色
的鲁绣

时由朝廷设置文绣院。上自天子下至百官，都穿绣衣，按照官阶等级，各式服装均有明文规定。此时，民间这种风气也益盛，刺绣水平达到了一个空前的高度，刺绣工匠的艺术素质也不断提高，刺绣的运针、绣法都有很大的创新。屠隆《考槃余事》描写宋绣说："宋代的闺绣，画山水、楼台、花鸟，针线细密，不露边缝。有时把丝劈开，只用一根丝的十分之一二，用的针像头发丝一样细，所以人物眉目都很清楚，丝色光彩夺目，神形皆备，设色配色比画还要好，女红手巧，十指春风，真是不可及。"明代书画家、鉴赏家董其昌对宋绣的成就也极为赞赏，他说："宋代刺绣，设色精妙，无论山水、人物、花鸟，莫不生动有致，精彩处比绘画更妙，妇女刺绣，十指春风，直能胜过画家的笔墨。"

明清时封建王朝的宫廷绣工规模很大，民间刺绣也得到进一步发展，先后产生了苏绣、粤绣、湘绣、蜀绣，号称"四大名绣"。此外尚有顾绣、京绣、瓯绣、鲁绣、闽绣、汴绣、汉绣和苗绣等，都各具风格，沿传迄今而不衰。清代织绣工艺仍分为官营刺绣和民营刺绣两种形式，官营集中在南京、苏州和杭州，称为江南三织造，以最精良的技术生产帝王官员用品。城市中开始出现经营刺绣工艺品的行庄，许多画家参与刺绣画稿设计工作，刺绣品类万千，日用品为刺绣主流。刺绣商品出口至日本、南洋及欧美等地。

【述】　鲁绣是传统刺绣工艺的一种，是历史文献中记载最早的绣种之一，其绣品不仅有服饰用品，也有观赏性的书画艺术品。鲁绣风格较他绣不同，多以暗花织物做底衬，以彩色强捻双股衣线为绣线，采用各种针法，选取人们喜闻乐见的人物、鸳鸯、蝴蝶和芙蓉花等内容为创作题材。

鲁绣在春秋时期的齐鲁大地就已兴起，史称"齐纨（wán，细绢）"或"鲁缟（gǎo，一种白绢）"，至秦而盛，至汉已相当普及。《史记·货殖列传》上对此有"冠带衣履天下"之称。不仅如此，还出现了专门为绣业而设置的"服官"。据《汉书》记载："齐三服官作工各数千人，一岁费数巨万。"当时齐鲁绣业的昌盛和重要可见一斑。

鲁绣从古代帝王公卿的章服走入寻常百姓家，无论是邹城李裕庵墓葬中出土的绣裙、袖边、鞋面等采用的山东传统"衣线绣"，还是存于故宫博物院的明代绣品《文昌出行图》《芙蓉双鸭图》所表现出的用色鲜明、针法豪放、朴实健美，都向世人展示出鲁绣绣饰鲜明而不脱离实用的民间艺术风格。

鲁绣中的发丝绣擅长表现中国书画的笔墨效果，特别是再现动物的皮质感更为见长，绣品清隽淡雅、质感逼真，风格粗犷中见精微，具有特种手工绣品增值性、保值性好的特点，易于收藏。一件发丝绣品工艺复杂、做工精细异常，一幅作品需耗时几十天至数百天，甚至几年工夫才能绣成。因此发丝绣存世量极少，具有极高的收藏价值。

2009年，鲁绣被列入山东省非物质文化遗产代表性项目名录。

【做】 1. 组织参观当地的鲁绣博物馆，了解鲁绣的各种针法和构图要领。

2. 请鲁绣老师讲解其基础绣制技艺，动手绣一些简单的花鸟图案。

【知】 据记载，三国时，吴主孙权未能把魏、蜀平定，在军旅作战之际，总希望得到一个善于作画的人，能把山川地势、行兵布阵的图像画下来。丞相赵达有一个妹妹，极善绘画，巧思无双。她能在纤纤玉指间以彩丝织出云霞、龙蛇花纹的锦缎。赵达就将他的妹妹引给孙权，称为赵夫人。孙权让她画九州、江湖、平地与山岳的形势图，赵夫人说："丹青之色，甚易歇灭，不可久，妾能刺绣，作列国方帛之上，可以五皇、河海、城邑、行阵之形。"地图绣成后，进献给孙权，吴主看了大喜。当时人称之为"针绣绝活"。

⑰ 油　旋

小小油旋六十层，

色泽金黄技艺精。

一股葱香扑鼻来，

外酥里嫩热腾腾。

形似螺旋更诱人，

慢慢咂摸味无穷。

【源】　油旋是济南传统著名小吃，起源于明清时代，即古书所载"千层油旋烙饼"。

　　据传，济南油旋是由齐河县徐氏三兄弟去南京闯荡时学习南方制饼技艺而来。其饼在南方的口味里是甜的，徐氏兄弟到济南县东巷南头开店后，依据北方人的口味特点改为咸香口，并加入了章丘大葱制作的葱油等作料，时人称之为"徐家油旋"。

　　据考证，油旋确实是在苏州蓑衣饼的基础上加以改进而成的。据清雍正九年（1731）刻本《食宪鸿秘》（朱彝尊著）记载："晋府千层油旋烙饼，此即虎丘蓑衣饼也。"谈及千层油旋的做法，书中记道："白面一斤，白糖二两。水化开，入真香油四两。和面作剂，擀开，再入油成剂，再擀。如此七次。火上烙之，甚美。"清顾仲所撰《养小录》一书也记道："晋府千层油旋。其法：和面作剂擀开，入油，成剂再擀开，再入油，再擀开，如此七次，火上烙之，甚美。"这两段记载表明，我国北方的油旋源自苏州的蓑衣饼。

苏州虎丘面点蓑衣饼在明代就颇负盛名，明汤传楹的《虎丘往还记》记有："予与尤子啖蓑饼二枚，啜清茗数瓯，酣适之味，有过于酒。"就着虎丘清茶吃蓑衣饼，其味竟胜过了喝酒。清初的诗人施闰章，在游玩虎丘之后，也写诗叹道："虎丘茶试蓑衣饼。"清末徐珂在《清稗类钞》的饮食篇中也记有"蓑衣饼以脂油和面，一饼数层，唯虎丘制之"。清代袁枚的《随园食单》中，还详细记有蓑衣饼制作技法："干面用冷水调，不可多揉，擀薄后卷拢，再擀薄了用猪油、白糖铺匀，再卷拢擀成薄饼，用猪油煎黄。如要咸的，用葱、椒盐亦可。"后来，虎丘蓑衣饼传遍了大江南北，传至济南后，人们直接呼名为"油旋"。

清末薛宝辰《素食说略》总结了清朝末期北方的十几种面点，其中就有"油旋"。书中介绍："以生面或发面团作饼烙之，曰烙饼，曰烧饼，曰火饼。……以生面擀薄涂油，折叠环转为之，曰油旋。《随园》所谓蓑衣饼也。以酥面实馅作饼，曰馅儿火烧。以生面实馅作饼，曰馅儿饼。酥面不实馅，曰酥饼。酥面不加皮面，曰自来酥。以面糊入锅摇之便薄，曰煎饼。以小勺挹之，注入锅一勺一饼，曰淋饼。和以花片及菜，曰托面。置有馅生饼于锅，灌以水烙之，京师曰锅贴，陕西名曰水津包子。作极薄饼先烙而后蒸之，曰春饼。以发面作饼炸之，曰油饼。""折叠环转为之"，已与今日油旋做法完全一样。

道光年间济南城里的凤集楼是较早经营油旋的店家，光绪二十年（1894）开业的文升园饭庄，也曾以经营油旋而闻名济南。民国初年时，济南已有十几家专门经营油旋等地方小吃的店铺。

【述】 济南油旋层层相连多达60余层，酥脆嫩软、咸香可口为其主要特点。其做法是，和面为团，取剂擀成极薄长片，抹上一层细盐、葱油泥，卷成卷儿，边卷边抻面片，使之更薄，层层卷起，卷好后放在鏊子上压成饼形，烙后放炉烤至黄色成熟，取出后从中心捅出一个凹窝，放入盘中，成螺旋相盘状，即成

中空多层的油旋。趁热食用，表皮酥脆而内瓤嫩软，可谓精致小吃。

2009年，油旋被列入山东省非物质文化遗产代表性项目名录。

【做】　组织到一家济南小吃店，观摩厨师制作油旋的全过程，并品尝油旋，写一段观察笔记。

【知】　已故著名曲艺理论家、作家陶钝（1901—1996）先生曾撰文回忆在济南求学时（1920年左右）品尝油旋的情形，他写道："后宰门街西头还有一条弯街，名为辘轳把子街，街上有一个小饭铺，名'文升园'。用这样一个吉利的名字迎接前清的穷举子，后来的穷学生。这饭馆有两样好食品：油旋和坛子肉。他们的油旋又香又酥，到口就碎了。店主人夸口说："先生，您可以试试，五个油旋放在桌子上罗（摞）起来，一拳猛击，如果有一个不碎，压扁了，您不用付钱，白吃。'可是我们用筷子敲一个碎一个，不用拳击，就信服了。他们的坛子肉真是用坛子炖的。头一天晚上把肉切成方块，装在坛子里，炖到滚开之后，封上火，只留一个小孔，把坛子封上口坐上（不要压灭火），第二天早上来看，肉还是方块，肉汤里油花也很少，用嘴唇就能把肉咬烂，一点肉味不放散，这肉味还不好吗？小店里的住客，谁不去品尝一次？我们这些来考学的学生，会被先来的同乡、同学约到文升园，花不到一块钱请客。"（《回忆济南一条街》，1981年）

⑱ 庙　会

一家老小喜洋洋，

相伴来到庙会上。

庙会上，真热闹，

摩肩接踵①人欢笑。

听小戏，看戏法，

买串通红大山楂。

逛完庙会去登山，

无限风光在山巅。

九月九，正重阳②，

放眼一片菊花黄。

【注】　① 摩肩接踵（zhǒng）：成语，肩擦着肩，脚碰着脚，形容人多拥挤。踵：脚后跟。② 重阳：农历九月初九为重阳节，我国传统节日。民间在这一天有登高、吃菊花糕、喝菊花酒、赏菊等风俗，也叫"重九"。《易经》中把"九"定为阳数，两"九"相重为"重阳"。又因为"九九"与"久久"同音，所以古人认为这一天是个特别值得庆贺的日子。

庙会上大人都去购物 音乐 我们小孩
最爱看的是玩杂耍的。

【源】　庙会，又称"庙市"，是我国民间岁时风俗活动，也是我国集市贸易形式之一。其形成与发展，与寺庙和宗教活动有关，多在寺庙节日或民俗节日举行，其间进行祭神、娱乐、贸易等活动，流行于全国各地。

　　庙会在唐代就已存在，最早起源于寺庙周围，由于小商小贩们看到烧香拜佛者很多，就在庙外摆起各式小摊赚钱，渐渐地成为定期活动，所以称之为"庙会"。明清两代是庙会真正定型、完善时期，由于行会（会馆、公所）的大量兴起，使庙会更加秩序化。后来，有部分地区无庙但有市，也称为庙会。在山东地区，有重阳登山赏菊的习俗，山上山下也多有摊贩和娱乐表演等，故有时也称作山会。

　　庙会有的是一年一度，有的是一个月内就有数次；会期除固定的以外，也有不设定天数的。

【述】　民间的庙会有自己的核心特征，即在经济技术方面是百货交易，在社会组织方面是"社"或"会"，在精神生活层面是礼神娱神。这是我国庙会能够长期传承的经济基础和民俗惯制。庙会是把寺庙的节日变成了地方性的节日，把宗教的节日变成了世俗的节日。所以，那些独特的地方性求神活动、非宗教性的娱乐休息活动及集市活动才得以自然而然地融入庙会。因此，与其说庙会是宗教活动，倒不如说它是地方性民众节日活动，更能准确地反映其本质属性。所以说，准确地讲这种多内涵型的庙会可称为节日型庙会。

　　庙会还是一种综合性的民俗活动，关系到宗教信仰、商业民俗、文艺娱乐等诸多方面。这是由各地的历史、地理以及物质条件、民俗传统和人们的审美标准决定的。各地的庙会又各有其特点，各有侧重，这就形成了各种庙会互不相同的生活美，分别表现了当时当地条件下人们认可的美好生活方式。

　　随着时代变化，古老的庙会亦增添了不少新内容，如借庙会之时洽谈生意等，但展示民俗一直是庙会最主要的特色。内容有舞狮、花会、现代舞、民俗人物造型、老照片展、民间手工艺展、特价书市，以及戏剧、武术、杂技专场等。庙会集旅游观光、休闲娱乐、购物餐饮于一体，具有鲜明的传统文化特色。

山东各地的庙会，是齐鲁文化的重要组成部分。如泰山的东岳庙会，规模宏大，影响深远。明朝张岱在《岱志》中描述了东岳庙会的热闹场面："斗鸡，蹴鞠，走解，说书。相扑台四五、戏台四五。数千人如蜂如蚁，各占一方，锣鼓讴唱，相隔甚远，各不相溷（hùn，混乱）也。"其中，"相扑"也就是打擂，是东岳庙会的一大重头戏。再如，济南一年两次的千佛山庙会，在每年春季上巳节、秋季重阳节期间举行。由于千佛山附近盛产柿子，尤以大盒柿最为著名，秋季庙会期间，适值大盒柿成熟上市，赶庙会者，多买柿子而归，故千佛山庙会有"柿子会"之称。艺人们在庙会上表演杂技、马戏、歌舞等，热闹非凡。庙会期间，山路上人山人海，摩肩接踵。沿途卖山货杂品、香烛元宝和日用百货的摊位鳞次栉比；卖烧饼、包子、馄饨的饭棚主人，高声吆喝着招徕顾客；卖民间工艺品的、吹糖人的、捏面人的、卖冰糖葫芦的……琳琅满目；唱戏的、说书的、拉洋片的、玩呜嘟嘟的，使人流连忘返。过去济南的庙会有大小数十余处，唯以"千佛山庙会"和"药王庙庙会"（也称"药市会"）规模最大，流传最久。

2015年，庙会被列入第二批国家级非物质文化遗产代表性项目名录。山东各地的庙会，如济南地区的梁王冢庙会（商河）、女郎山庙会（章丘）、千佛山庙会、孝堂山庙会（长清）、马山三月三庙会（长清）、少岱山庙会（平阴等）也被分批列入省级、市级非物质文化遗产代表性项目名录。

【做】 跟随家长参加一次当地的节庆庙会，写一篇记叙文。

【知】"济南的重阳节庙会（实际上是并没有庙，姑妄随俗称之）是在南圩子门外大片空地上，西边一直到山水沟。每年，进入夏历九月不久，就有从全省一些地方，甚至全国一些地方来的艺人会聚此地，有马戏团、杂技团、地方剧团、变戏法的、练武术的、说山东快书的、玩猴的、耍狗熊的等等等等，应有尽有。他们各圈地搭席棚围起来，留一出入口，卖门票收钱。规模大小不同，席棚也就有大有小，总数至少有几十座。在夜里有没有'夜深千帐灯'的气派，我没有看到过，不敢瞎说，反正白天看上去，方圆几十里，颇有点动人的气势。再加上临时赶来的，卖米粉、炸丸子和豆腐脑等的担子，卖花生和糖果的摊子，特别显眼的柿子摊——柿子是南山特产，个大色黄，非常吸引人——这一切混合起来，形成了一种人声嘈杂、歌吹沸天的气势，仿佛能南摇千佛山，北震大明湖，声撼济南城了。"（季羡林《学海泛槎》）

⑲ 阿 胶

阿胶一碗，

芝麻一盏，

白米红馅蜜饯。

粉腮似羞，

杏花春雨带笑看。

润了青春，

保了天年，

有了本钱。

——元代 白朴① 《梧桐雨·锦上花》②

【注】　①白朴：（1226—1306），字仁甫、太素，号兰谷先生。陕（yù）
州（今山西河曲）人。元曲四大家之一。②《梧桐雨·锦上花》：《梧桐
雨》，元杂剧四大悲剧之一。锦上花：曲牌名。

【源】　制作阿胶，始于秦汉，至今已有两千多年的历史。阿胶为传统的滋补、补
血上品，是以驴皮为主要原料，放阿井之水而制成的。阿胶原产山东省古东阿县
（今阳谷县阿城镇古阿井），佳者带琥珀色，透明，无臭味。亦称驴皮胶。

阿胶具有补血滋阴，润燥止血等功能。常用于血虚萎黄，眩晕心悸，心烦

胶是用来粘东西的
驴皮胶却是用来治病
和养生的

不眠，肺燥咳嗽等症状。

【述】　金哀宗天兴二年（1233），蒙古大军攻破金都城开封，烧杀劫掠。一个名叫
　　　　白朴的年轻人在兵乱中与母失散，由诗人元好问带他到山东聊城避难。

　　　　这一段经历导致两个后果：一是白朴立志不做元朝官吏，只好游山玩水，饮
酒作曲，后来居然成为元曲四大家之一，与关汉卿、马致远、郑光祖并驾齐驱；
二是在聊城的经历使他对阿胶印象深刻，并形成诗篇（见本书78页）。

　　　　这一曲牌名叫《锦上花》，在元朝就已经广为流传。《梧桐雨》取材于白居
易的叙事长诗《长恨歌》，写唐明皇宠爱杨贵妃，长生殿七夕盟誓，沉香亭舞霓
裳，歌舞欢乐，不料安禄山等叛乱，明皇仓皇出走，行至马嵬坡，将士迫明皇缢
死贵妃。贵妃死后，明皇思念成梦，醒来正听见雨打梧桐，更加愁闷。只好以阿
胶一碗、芝麻一盏的方式缅怀岁月，保养天年。

　　　　在此之前，关于唐代服食阿胶的风气与方式，我们曾经谈到，杨贵妃"暗服
阿胶不肯道，却说生来为君容"。至于暗服的方式，究竟是不是"阿胶一碗，芝
麻一盏"之类的方式，没有任何交代。

　　　　至于唐明皇试图以"阿胶一碗，芝麻一盏"之类的方式，"保了天年，有
了本钱"，唐代文献更没有记录，相反当时记录的是"治一切风""阿胶主风
最甚"。

　　　　所以白朴假设那杨贵妃的服食方式是"阿胶一碗，芝麻一盏，白米红馅蜜
饯"，效果是"粉腮似羞，杏花春雨带笑看……"唐明皇也因此"保了天年，有
了本钱"，此亦应是元朝人的生活方式。白朴虽然张冠李戴，但也足以表明元朝
时人们对阿胶的推崇。

　　　　考虑到白朴曾在聊城逗留一年，当时聊城号称东昌府，依托大运河，富甲天
下，而东阿县就在东昌府的治下，"阿胶……出东阿，故名阿胶"，白朴应当对
此有深刻认识。

【知】　据药圣李时珍《本草纲目》记载："阿胶本经上品，弘景曰：'出东
　　　　阿，故名阿胶'。"寻觅民族瑰宝，知其源头出处。

　　《梧桐雨》，中国十大古典悲剧之一。白朴杂剧代表作。取材于唐人陈鸿《长恨歌传》，题目取自白居易《长恨歌》"秋雨梧桐叶落时"诗句。剧写唐明皇李隆基与杨贵妃的故事。其情节是：幽州节度使裨将安禄山失机当斩，解送京师。唐明皇反加宠爱，安遂与杨贵妃私通。因安禄山与杨国忠不睦，又出任范阳节度使。安禄山反，明皇仓皇逃出长安去蜀。至马嵬坡，大军不前，兵谏请诛杨国忠兄妹。明皇无奈，命贵妃于佛堂中自缢。后李隆基返长安，在西宫悬贵妃像，朝夕相对。一夕，梦中相见，为梧桐雨声惊醒，追思往事，倍添惆怅。全剧结构层次井然，诗意浓厚。

⑳ 年　画

一笔笔绘出春秋冬夏，

一刀刀刻下酸甜苦辣，

一层层印上五彩的梦，

忠和义，情和爱，装点万户千家。

一年年热土又生风华，

一代代儿女英姿挺拔，

一幅幅都是不了的情，

甜蜜蜜，火辣辣，留下风流佳话。

哎嗨哟——

热血冷泪染成这幅画，

爆竹声中把它带回家，

大红灯笼照亮这幅画。

壮丽的故事传遍了天涯。

——《年画传奇》（电视剧《大掌门》片尾曲，作词：屈塬）

【源】　年画是我国民间特有的、极为普及的一种艺术形式。每到过年时，我国多
　　　数地方都有张贴年画的习俗，以增添节日的喜庆气氛。年画因一年更换或张贴

进了腊月门
没有闲着的人

后可供一年欣赏之用，故称"年画"。

年画是一种古老的民间艺术，最早起源于"门神画"。现存最早的年画是宋代的木刻画《四美图》，画面是王昭君、赵飞燕、班姬和绿珠（之后的"四美图"，人们将班姬和绿珠换成了西施和貂蝉）。《四美图》的问世，可说是中国年画正式诞生的一个标志。后来。民间争相仿效，几经演变，形成了不同形式、不同风格、不同内容的艺术门类。内容上，也由单一的美人图发展到有祛害赐福的神话人物，有欢乐吉祥的生活画面等。如五谷丰登、春牛试犁、骏马奔腾、金鸡报晓、寿星呈祥、胖娃志喜、花鸟贺春等；画技也从最早的单一线条，日渐向色彩艳丽、层次丰富、气氛热烈的彩色套印方面发展；风格方面，至明末清初即出现了三大民间木刻年画流派：天津的"杨柳青"、苏州的"桃花坞"和山东的"杨家埠"。"杨柳青"工笔年画，以干净洗练、细腻精巧著称；"桃花坞"年画，突出华贵艳丽、热烈浓郁的风韵；"杨家埠"年画则对比强烈，多姿多彩，别有千秋。

后来，上海郑曼陀还把年画和日历合为"月份牌"年画，独出心裁，一画多用，一时风靡全国。当代以来，各种内容和形式的年画，不断涌现，冲破了原有呆板凝固的形式，深受大众家庭的喜爱。

【述】　山东杨家埠木版年画，起源于潍坊寒亭西杨家埠的杨氏家族，距今已有数百年历史。它扎根于农村，具有浓厚的生活气息、朴实的地域特点和独特的艺术风格。就年画题材、风格和规模而言，大体可分为几个阶段：①清乾隆初年至咸丰末年（1736—1861）。杨家埠一带画店相继出现，生产规模迅速扩大，题材不断丰富和发展，逐步形成自己的艺术风格。此时，西杨家埠画店已有60多家，东杨家埠已出现了"永顺""公盛"两家画店。②同治初年至光绪末年（1862—1908）。这是杨家埠年画极盛时期，西杨家埠画店已达100余家，仓上、寒亭均达20多家，东杨家埠4家。附近的齐家埠、三角埠、段家沟、南埠子、纸房等地也都兴办了画店，生产规模日益扩大，年画行销山东大部分地区，并远销江苏、安徽、山西、河南、河北及东北等地。③民国初年至新中国成立前（1912—1948）。由于许多老艺人相继辞世，年画艺术后继无人，新的

传统年画《年年有余》

年画创作明显减少，内容十分贫乏。④新中国成立后，政府组织人员对杨家埠年画进行了挖掘、整理、创新工作，并采取办学习班的办法，以老带新，培养了大批画、刻、印、裱人才，成立了杨家埠木版年画研究所。

杨家埠年画的主要艺术特色是：象征性强，诗画结合，构图完整、饱满、匀称，富有装饰性；造型夸张、粗犷、朴实；线条简练、挺拔、流畅；色彩鲜艳、对比强烈。

2006年，山东杨家埠年画、江苏桃花坞年画、天津杨柳青年画等同时被列入第一批国家级非物质文化遗产代表性项目名录。

【做】　1. 观摩、学习木版年画创作、制作过程。

　　　　2. 临摹年画《年年有余》。

【知】　山东杨家埠年画《五子夺魁》讲的是：五代时人窦禹钧年过三十尚无子，一日梦见祖父对他讲，必须修善德而从天命。自此，窦禹钧节俭生活，用积蓄在家乡兴办义学，大行善事。此后，他接连喜得五个儿子：窦仪、窦俨、窦侃、窦偁、窦僖。窦禹钧秉承家学，教子有方，儿子们也勤勉饱读，相继在科举中取得佳绩，为官朝中，是为"五子登科"。《五子夺魁》是对称张贴年画，每幅画面中均有五子围绕在官老爷周旁，形象生动地表达了科举制度下人们的美好愿望。

㉑ 兔子王

八月十五月煌煌①，

家家户户拜月忙。

摆上瓜果和梨桃，

供上一只兔子王。

兔子王，真威武，

四面靠旗②背肩上。

兔子王，真可爱，

憨态可掬③好模样。

【注】　①煌煌（huáng huáng）：形容明亮。②靠旗：戏曲中武将背后插靠的三角形绣旗。③憨（hān）态可掬（jū）：形容动物或人物形态天真可爱、单纯的样子。

【源】　兔子王，是我国北方某些地区的一种节令彩绘泥塑艺术品。它取材于月宫神话传说"玉兔捣药"。在神话传说中，玉兔是月宫中的灵物之一。玉兔常年制作仙药——蛤蟆丸，以为百姓疗伤祛病，所以世人都很感激它，敬重它，在八月十五拜月时，也对它进行祭拜。这一祭拜兔神的习俗，在我国北方比较普遍，而以北京和济南尤为突出。

后来，民间艺人创造了兔子王这一可爱的形象，将之视为月中玉兔的化身，对它供奉祭拜，明清时代成了一种深为儿童喜欢的传统节令玩具，供人玩赏。兔子王为兔首人身、土制彩绘的造型。这种彩兔玩具每年中秋节前即大量上市，人们纷纷选购。在北京地区称兔子王为"兔儿爷"，天津则称之为"兔二爷"，其起源历史悠久，在明代就已流行。明人纪坤在《花王阁剩稿》中记载："中秋节多以泥抟兔形，衣冠踞坐如人状，儿女祀而拜之。"到了清代，兔子王的流行更广，制作更加精致多样，其娱乐功能也更为明显。

兔子王的广泛流行，也催生了市场的繁荣。旧时中秋节前后，济南的大街小巷几乎摆满兔子王货摊。五彩斑斓的兔子王，大的三尺上下，小的不足一寸，都是兔首人身，披甲戴盔，手执药杵。有的身披大红袍，神气活现；有的背插靠旗，威武雄壮。有立的，有坐的，有骑虎的，有骑马的，有乘麒麟的，有坐莲花座的……各式各样的兔儿爷形态美丽，神采奕奕，深受人们欢迎。

【述】 兔子王之名，在济南民间家喻户晓，有关兔子王的传说也广为流传。据散文作家、文史专家戴永夏先生记述，古时济南城内有许多泉眼，这些泉眼不断地向外喷射臭泥汤子，弄得到处脏乱不堪，还使许多孩子害病生疮。人们听说住在广寒宫的月亮奶奶有仙药能治这病，但月亮奶奶嫌贫爱富，不肯给穷人治病。正在大家愁得没法之时，有一个叫任汉的少年挺身而出，要去寻药救助穷人。他听说八月十五这天是月亮奶奶的生日，便跟随前去祝寿的老和尚，混进广寒宫，盗得了药饼儿。他揣上药饼，正准备偷偷返回，却见宫外浓云密布，怎么也钻不出来。正在他万分焦急，随时有被捉住的危险时，仙女身旁的白玉兔说话了："赶快剥掉我的皮，披在你身上，变成我的模样，方能钻出云缝，重返人间。"说罢，一头撞死在广寒宫的大门上。任汉强忍悲痛，将玉兔的皮剥下披在自己身上，变成白兔，口含药饼儿，钻出云缝，落到济南城里的一条巷子里。为了让全城患病的孩子能快些得到救治，他把药饼塞到众泉眼里。说来也怪，原本发臭致病的泉水，立刻变得清澈甘甜。那些生疮害病的孩子喝了这掺有药饼的泉水，全都得救了。人们十分感激这只送药的白兔，便在八月十五这天，家家用面做成兔子神的塑像，

这个兔爷不一般它的座下有一条小绳，挂绳子兔爷了。的两臂就上举捣药，有的还把药臼敲成小鼓，很是可爱。

并把点心做成药饼的样子，来供奉这位兔子神。年深日久，人们就把药饼叫成月饼，把兔子神叫成"兔子王"了。

神话传说反映了人们对健康美好生活的向往。各式各样的"兔子王"风采别具，美不胜收，既给人带来艺术享受，又为节日增添了许多乐趣。

2016年，兔子王被列入山东省非物质文化遗产代表性项目名录。

【做】   向非遗传承人学习掌握兔子王的基本制作和彩绘技艺。

【知】   过去，民间有在中秋节拜月的习俗。当圆月升起时，人们在庭院中对月摆上香案，挂上月光码儿，月光码儿上印制的是一个类似嫦娥奔月的人物，称作太阴星君。香案中间供上一尊兔子王，供品除月饼、瓜果梨桃等食物和水果外，还要特别供上一小捆青豆，那是喂兔子王的。因为月亮属阴，所以参加拜月的都是家中妇女及儿童，故民间有"男不拜月，女不辞灶"一说。拜月时，一边磕头，一边还要祷告："八月十五月正圆，西瓜月饼敬老天。敬得老天心欢喜，一年四季保平安。"拜月之后，一家人欢聚一起，分吃月饼，共同赏月。

㉒ 碧筒饮

济南美名天下传，

明湖胜景赛江南。

藕花红，湖水蓝，

折枝荷叶当酒盏。

喝一口，暑气消，

喝两口，润心田。

喝宽了地，喝阔了天，

喝醉了湖中千朵莲。

【源】　济南种植荷花的历史可以追溯至魏晋时期。那时，济水（今黄河是其故道）南岸，大明湖（时称莲子湖）以北，到处是莲叶田田，荷花争艳。唐宋时期，荷花极盛，济南城北一带，可谓是"百里荷香"。宋代词人李清照一生念念不忘的，就是她在家乡有一次兴尽醉归，竟然划着小船"误入藕花深处"而"不知归路"。藕花红、荷叶绿、湖水蓝、鸥鹭白，诗情画意，怎忍心搅乱，女词人一时不敢再划动船桨。

　　李清照饮酒，肯定不会不知道早她许久的济南名士就在大明湖畔发明了一种传至现今、清凉有趣的饮酒习俗——碧筒饮。古代的文人饮酒崇尚高雅，

碧筒饮则是雅中之雅。所谓碧筒饮，就是采摘卷拢如盏、刚刚冒出水面的新鲜荷叶盛酒，将叶心捅破使之与叶茎相通，然后从茎管中吸酒，人饮莲茎，酒流入口中，诚为暑天清供之一。用来盛酒的荷叶，称为"荷杯""荷盏""碧筒杯"，因为茎管弯曲状若象鼻，故有"象鼻杯"之称。以是观之，现今外国人发明的饮料弯曲吸管的专利权还应属于济南的先民哩。

据唐人段成式《酉阳杂俎·酒食》记载："历城北有使君林，魏正始（504—508）中，郑公悫（què）三伏之际，每率宾僚避暑于此，取大莲叶置砚格上，盛酒三升，以簪（zān，簪子）刺叶，令与柄通，屈茎上轮菌如象鼻。传吸之，名为碧筒饮。历下人效之，言酒味杂莲气，香冷胜于水。"如此饮酒用杯，可谓花样翻新，不落俗套，表现了才华横溢的古代文人名士，是一个极富想象力、创造力的特殊阶层。他们的想象力、创造力，不仅使他们在文艺创作上求新求变，驰骋才华，更使他们在生活方式上求奇求怪，一展风采。碧筒饮饮酒习俗传播开来，果然备受文人雅士推崇。

据《唐语林》记载：唐代宰相"李宗闵暑月以荷为杯"。说的是文士出身的李宗闵，常常在盛夏晚上，临池设宴，招待宾僚，用的就是荷叶杯。因其有正始遗风，传为士林佳话。唐诗宋词中也多有吟及碧筒饮这一习俗的佳句，如白居易的"疏索柳花怨，寂寞荷叶杯"；戴叔伦的"茶烹松火红，酒吸荷叶绿"；曹邺（yè）的"乘兴挈（qiè，提，举）一壶，折荷以为盏"，都谈到个中滋味。宋词"酒盏旋将荷叶当，莲舟荡，时时盏里生红浪，花气酒香清厮酿"，更是惟妙惟肖地再现了碧筒饮这一饮酒习俗的场面。

到了宋代，荷叶杯随之被提名为文士清供之一，成为文人名士风流的一种象征。在宋代林洪著的《山家清供》中，以荷叶为杯的"碧筒酒"被记述得更为详细："暑月，命客棹（zhào，划船）荡舟莲中，先以酒入荷叶束之，又包鱼酢（cù，同'醋'）他叶内。候舟回，风熏日炽，酒香鱼熟，各取酒及酢作供，真佳适也。（苏东）坡云：碧筒时作象鼻弯，白酒微带荷心苦。坡守杭时，想屡作此供也。"

宋人在莲花盛开的荷丛中驾舟荡桨，用荷叶盛酒，品荷叶鱼酢，吃荷包饭、荷包海参之类，不仅让人感受到湖光月色的自然之美，更让人置身荷花美食清香浓郁的文化氛围中，真让人心旷神怡。为此，苏东坡经常"做此清供"，不仅在杭州做官时这样，即便被贬谪到海南时，也是这样。后来，东坡的家里穷到出卖酒器过日子的地步，但唯有一件酒器不卖，留以自娱，那就是象征着文士风流的荷叶杯。

在宋代，发源于济南的碧筒饮，传到南方，还成了寻常百姓的消夏清品。据《浙江志·杭州府》记载："宋代西湖闻名天下，七月以后，人多倾城纳凉，正值荷花盛开，芙蓉出水，天然好景，画工难摹，人们取荷叶注流，窍其心，曲其柄，屈茎轮菌好像象的鼻子一般，噏（xī，同'吸'）而饮之，放舟于蒲深柳密处，披襟钓水，月上始还。清供与美景互相映衬，互为一体，极富诗情画意。"另有明代邵亨贞也在《洲滨见荷花》一诗中写道："每爱西湖六月凉，水花风动画船香。碧筒行酒从容醉，红锦游帷次第张。"可谓处处有诗有画，也是一时盛事。

【述】　受碧筒饮的启发，应和着世人猎奇寻乐的心理，古代工匠巧夺天工，还用金、银或玉模仿"碧筒杯"，制造出了种种雅致有趣的酒杯精品。济南籍著名词人辛弃疾曾写下了"明画烛，洗金荷，主人起舞客高歌"的词句。可见，这些金银制品的出现，又为碧筒饮平添了许多另类情趣。

碧筒饮不仅赏心悦目，还可食疗健身。这是因为，荷叶具有清热凉血、健脾胃的功效，以略带苦味的荷叶汁液和酒入口，能够清凉败火，消暑保健。应该说，这一习俗是中国古代酒文化中的一枝奇葩。如今，想象古人以荷叶为杯而饮酒，不仅可以领略到夏天荷塘月色的旖旎风光，更让人感受到中华传统文化的深厚意蕴。

2016年，碧筒饮被列入济南市第五批非物质文化遗产代表性项目名录。

【做】　1. 根据课文提供的素材，组织同学们创作一个微型话剧并加以表演。

　　　　2. 搜集历史上各位名家有关碧筒饮的诗词歌赋并编辑成册。

【知】　荷之于济南，不止渊源深，而且关系密。在济南，荷叶除盛酒外，还可以做成许多独具风味的食品。如将鲜嫩碧绿的荷叶，用热水略烫一下，煮粥时盖在粥上，等煮好的粥凉后再加糖，色碧味香，名曰"荷叶粥"，是济南夏令著名的小吃。按"米粉肉"或"粉蒸肉"的做法，先切好猪肉，炒好米，拌上酱油，然后选用大明湖产的嫩荷叶，洗净，一张荷叶包起一块猪肉和适量的炒米，摊放在碗里，再上蒸笼，蒸熟后即成"荷叶肉"。吃时连肉带荷叶一起吃，既有猪肉的美味，又有荷叶的清香，特别鲜美。此外，用荷叶包装食品，也是济南特有的风俗。过去，"草包""狗不理""聚丰德"等店铺卖的蒸包、锅贴等，都是用荷叶包装，这样既不透油、不透水，又别有一番清香滋味。另外，过去济南人还有吃荷花瓣的习俗。其中"炸荷花瓣"就被老舍先生誉为"济南的典故"。

㉓ 鼓子秧歌

扭啊扭啊扭秧歌，

男女老少乐呵呵。

你抖绸，我打鼓，

女走点，男敲锣。

直扭得太阳公公笑红了脸，

直扭得三百六十五天都成了节。

【源】　秧歌起源于插秧耕田的劳动生活，它又和古代祭祀农神祈求丰收，祈福禳灾时所唱的颂歌、禳歌有关，并在发展过程中不断吸收民间武术、杂技以及戏曲的技艺与形式，从而由一般的演唱秧歌发展成为民间歌舞，至清代，秧歌已在全国各地广泛流传。为示区别，人们常把某地区或形式特征冠于前面。如鼓子秧歌（山东北部）、地秧歌（河北、北京、辽宁）、陕北秧歌、高跷秧歌等。

　　鼓子秧歌是济南商河、济阳以及德州、惠民等地区流传最为普遍的一种民间舞蹈形式。商河、济阳地处苍凉广袤的鲁北平原，长期艰难的生活铸就了这里的人们吃苦耐劳、勇敢刚直的性格，特殊的地理环境和人文环境孕育出了这种参与性、宣泄性、狂欢性、直观性极为凸显的民间艺术形式。鼓子秧歌相传已有一千多年历史。较为流行的说法是，北宋年间，有一年商河境内洪水泛滥，良田被毁，赤地百里，饿殍（piǎo，饿殍：饿死的人）遍地，大水过后，幸存者辛勤耕作，播麦布谷，重建家园。第二年，风调雨顺，五谷丰登。百姓情不自禁地拿起笸箩、擀面杖、雨伞等生活用具边敲边舞，庆贺丰收。后来相沿成习，经过不断创新发展，遂成每逢节庆日百姓庆贺的一种民间舞蹈形式。

鼓子秧歌当地俗称"跑十五""闹玩意儿"，一般多在立春、元宵节、中秋节等重大节庆日演出。明嘉靖年间修《商河县志》记载："立春前一日……里人行户扮渔、樵、耕、读诸戏，酒筵悦歌，竞为欢会，凡三夜。"该志还专门记载了元宵节城里"跑十五"的盛况："举国纷纷兴若狂，新正十四挂衣裳。明朝但愿无风雪，尽力逞才闹一场。"这种在节庆日狂欢献艺的景况，到了清末，更加蔚为壮观。正月十四至十六三天，是鼓子秧歌的高潮期，"士女云集，途为之塞，自晨至暮，络绎不绝"。无论男女老幼，都涌上街头，尽情欢舞。

早期鼓子秧歌的表演形式集歌、舞、丑于一体。表演时，一般先歌后舞，歌者不舞，舞者不歌，"丑"则在歌舞中插科打诨。经常演唱的歌曲大多以民间故事、历史传说、日常生活为素材，富有浓郁的乡土气息和生活情趣，如《摇葫芦》《打岔》《鸳鸯嫁老雕》《馋老婆吃狗》《大观灯》《小观灯》等。鼓子秧歌的伴奏主要以牛皮大鼓为主，配以锣、钹、铙等，鼓手以鼓点的疏密急缓来指挥舞蹈演员的阵势变化。

舞者扮相，大致分为伞、鼓、棒、花、丑五种角色。伞又分为头伞和花伞，头伞是指挥者和领舞者，多扮为英雄壮士，动作刚健奔放、苍劲干练。花伞多扮为青年小生，扮相俊俏，潇洒飘逸；鼓手是舞蹈队伍中的主力部分，多扮为青年武士，动作粗犷剽悍，孔武有力。多时数百面鼓一起擂响，声若滚滚春雷，势如暴风骤雨，俄而千军冲杀，忽如万马奔腾，气势雄伟壮观；棒，多由青年男子扮演。所舞之棒，长约一米，两端系以五色彩绸。表演时两手各执一棒，击打花点。其扮相机灵活泼，动作洒脱利落；花，多扮为少女形象，头戴红花，身披彩裳，左手持巾，右手握扇，动作优美灵巧，泼辣大方；丑，多扮为丑老婆、赃官、纨绔子弟、傻小子等形象，他们在秧歌队伍中迂回穿插、打诨逗乐，其表演滑稽诙谐、妙趣横生。

扭秧歌是上世纪民间最为流行的活动之一

礼

【述】　鼓子秧歌是一种大型集体民间舞蹈，所需人数从五六十人到数百人不等。表演时，舞者自始至终都在不停运动中，称之为"跑场子"。跑场子又分为文场、武场和文武场。文场以跑为主，舞者不做动作；武场中舞者停止跑动，在各自位置上同时做动作；文武场则是舞者在跑动中轮番做动作。其表演特点是，文场活泼明快，武场激烈奔放，文武场大气磅礴。鼓子秧歌作为一种快节奏、力量型的狂欢舞蹈形式，以其铿锵有力的节奏、丰富多彩的场阵套路、粗犷豪放的动作、刚健遒劲的舞姿，名震全国，享誉海内外。

鼓子秧歌通过团队力量展现出一种劳动人民抵御灾害、谋求自身发展的原始野性美。鼓子秧歌是跑出来的、是闹出来的，里里外外都透着一股子阳刚之气。看鼓子秧歌表演，人们会被它的恢宏气势所震撼，会有一种豪雄之气从沧桑的心底陡然升起，霎时间便沸腾了浑身热血。

鼓子秧歌舞者众多，组织严密，形式完整，舞技健美，气势磅礴，蕴藏深厚的历史文化内涵，富有浓郁的时代气息和鲜明的地方特色。新中国成立后，鼓子秧歌多次参加全国民间艺术大赛，屡获大奖。鼓子秧歌的继承与发展，丰富了群众文化生活，传承了中华民族的优秀文化，具有较高的审美价值和研究价值。

1996年，商河县被国家文化部授予"中国民间艺术之乡"称号。2006年，鼓子秧歌（商河）被列入国家级非物质文化遗产代表性项目名录。

【做】　搜集视频资料，学习了解鼓子秧歌的基本舞法。

【知】　秧歌表演时，开始和结束为大场，中间为小场。大场是大型集体舞，队形变化多端；小场是三五人表演的带有简单情节的舞蹈或歌舞小戏。秧歌最大的特点在"扭"。不论大场小场，也不论是走还是跳，每个动作都离不开扭。走一步要扭，跳一下要扭，左脚走时向右扭，右脚走时向左扭。扭动起腰，随之肩部和臀部都跟着扭，两手随着节奏随意摆动，展示出人体柔软协调的美感。反面角色的鬼跳，脚跳肩动，左脚跳时左肩往后一歪，右脚跳时右肩向后一歪，身体俄而前倾，忽而后倒，样子极丑，但是越丑演出效果越好。

㉔ 旗　袍

华夏旗袍魅力大，

绝色①风情人人夸。

轻盈飘逸真玲珑②，

高雅挺秀好潇洒。

身姿尽显东方美，

婀娜③青春一枝花。

【注】　①绝色：绝顶美貌。②玲珑：精巧细致。③婀娜：姿态柔软而美好。

【源】　旗袍是我国妇女的传统服装，其浓郁的民族风格、巧妙的艺术构思，体现了中华民族传统的文化艺术特色。旗袍不但是我国女装的代表作，也是国际上公认的东方传统女装的象征，被誉为中国国粹和中华礼服。

旗袍原为清代满族妇女所穿的一种袍服，有学者认为其源头甚至可以追溯到先秦两汉时代的深衣。其腰身平直、宽大，衣袖八寸至一尺，下摆不开衩，袍长至足，是一种掩襟、圆领直筒式的服装。材料多用绸缎，整体旗袍从上到下由整块衣料剪成，任何部位都不重叠。它的线条简练、优美，造型质朴大

旗袍很时尚但它却有着悠悠久远的历史

方。旗袍上绣有各种花卉、蝴蝶、蝙蝠等吉祥纹样，绣工精细无比。领、袖、襟都镶有各种花边，显得高雅挺秀。

辛亥革命后，旗袍逐渐流行为妇女的常用服装。经过不断改进，并受欧美服装的影响（如装袖、装垫肩和装拉链等），其样式也趋于简便、合体。它的一般样式为：立领、右开大襟、紧腰身、衣长至膝下、两侧开衩，有长短袖之分。紧扣的高领，端庄、雅致；微紧的腰部，两旁开衩的下摆，有着轻盈飘逸之感。由于旗袍上下连属，合为一体，表面上没有口袋、带袢等附件，因而能让穿着者在装饰、搭配上充分发挥个性与创造力。1929年，旗袍被确定为国家礼服之一。

20世纪三四十年代，旗袍可谓盛极一时，这时的旗袍造型完美成熟，堪称经典之作，使得以后的旗袍始终难以跳出该种廓形，只能在长短、胖瘦及装饰上略作变化而已。

【述】　旗袍的造型适应性很强，其近似长方形的轮廓，最便于调整宽窄长短的比例，增添人体修长的感觉，旗袍有单、夹、棉、皮之分，随着选料和用色的不同，以及采用镶、嵌、绲、绣、盘等传统缝制工艺装饰，可以适应不同对象在不同季节和不同场合的穿着需要。如选用富有民族风格的锦缎做成礼服旗袍，再配以精美的工艺装饰，可显得雍容华贵。选用淡粉、淡绿、浅藕荷、浅绛色等棉布或化纤料子，可制成舒适朴素、美观大方的便服和夏装。

旗袍本身就具有一定的历史意义，而它的文化价值也不仅仅在于审美和观赏性，其永久魅力还在于它的不断创新和时装化。它独具的个性与神韵，与现代时装审美观念相通，使其经久不衰。在国际时装界，旗袍也以它独有的格调，赢得了广泛的赞誉，各国时装设计师也不断从旗袍中获得创作灵感。

2011年，旗袍手工制作技艺被列入第三批国家级非物质文化遗产代表性项目名录。

【做】　1. 了解中式服装的发展简史和简单的缝制技艺。

　　　　2. 用线条绘制一幅你心目中的旗袍造型简图。

【知】　海伦·福斯特·斯诺是《西行漫记》作者斯诺的夫人。1931年，海伦第一次到上海时年仅23岁。当时，海伦的好友波莉正在全美到处为中国的抗战事业筹款，宋庆龄得知后送了她自己的旗袍并嘱咐波莉在全美各地演讲时穿上。后来，斯诺夫妇到达菲律宾继续为中国筹款，波莉又将旗袍送给了斯诺夫妇。半个多世纪后的1998年3月17日，这件漂亮的旗袍从美国回归中国，现在陈列在北京后海北沿46号"宋庆龄故居"。

㉕ 黑　陶

黑陶技艺是奇迹，

精如蛋壳薄如纸。

四千年前先人造，

龙山①就是发源地。

【注】　①龙山：今属济南市章丘区龙山街道办事处。

【源】　黑陶是在烧造过程中采用渗碳工艺制成的黑色陶器。最早发现于济南章丘
龙山，是龙山文化的代表性器物。龙山文化的时间为公元前2310—前1810年
左右，分有河南龙山文化、陕西龙山文化和山东龙山文化三类，统称为龙山时
代。龙山时代的陶器有灰、红、黑陶，其中最著名的是黑陶。1928年春，济
南龙山城子崖一处崖坡坍塌，使一处距今四千多年以磨光黑陶为主要特征的文
化遗存得以重见天日，也确凿证实了龙山黑陶文化的存在。龙山黑陶文化的发
现，让"中华文化西来说"不攻自破，济南龙山成了中华文明本土说的自证之
地。

龙山黑陶按材质分有细泥、泥质和夹砂三种，以细泥薄壁黑陶的制作水平

黑陶在龙山文化时期
就已经做得很精致了。

为最高，胎壁厚仅0.5—1毫米左右，表面乌黑发亮，故有蛋壳黑陶之称。纹饰一般比较简单，仅以磨光透亮的光泽作为器皿的主要装饰内容，与黑色有机结合，是黑陶显出秀美韵致的风格之所在。黑陶的造型千姿百态，以复杂造型为主，简单者较少，但都端庄优美，质感细腻润泽，光泽沉着典雅，具有一种珍珠般的柔雅沉静之美，欣赏价值极高。常见器型有碗、盆、罐、瓮、豆、单耳杯和鼎等。

黑陶的制作一般采用快轮，其器型匀称、规整，做工精细，火候极高，质地坚硬。由于其应用范围大多为礼器，很少用于日用器皿，所以产量较少，却因此而弥足珍贵。龙山黑陶作为原始礼仪的载体和精致的艺术品，永远具有黑色珍珠般神秘而诱人的魅力。黑陶文化的发现，标志着中国制陶工艺达到空前发展，也向后人展示了制陶由实用性转向审美要求的历史过程。

【述】　在人类文明初期，彩陶文化延续了若干年之后，黑陶悄然面世，它以温润文雅的黝黑含蓄取代了彩陶的色彩张扬。它的出现，可谓是先民认识改造自然的又一次跨越，使文明再次提升。

黑陶多变的器型，精良的工艺也反映了时下人们的生活状态和社会结构。从黑陶造型的设计思维所提供的赏用相兼的功能，可想象到先民的生活审美情趣，特别是被称为人类造物极品的蛋壳陶，生动体现了先民在造物技能方面，手眼脑默契结合的至高境界。

2013年，黑陶手工制作工艺被列入山东省非物质文化遗产代表性项目名录。

【做】　1. 请黑陶制作工艺传承人讲述黑陶制作流程。

2. 由家委会组织学生前往黑陶制作基地参观黑陶展览，并动手制作黑陶作品一件。

【知】　1928年4月4日，28岁的考古学家吴金鼎来到济南，准备考察汉文化的代表地——平陵古城。他在经过龙山镇一处被当地老百姓称为"鸭鹅城"的黄土高阜时，不经意间捡到了陶片、贝壳、兽骨等物。轻轻抖落蒙在这些物品上的厚厚尘土，吴金鼎无意中发现了一座原始社会的古城遗址。同年7月31日，他再次来到这里，从4米深的地下挖掘出一只完整的石斧。紧接着他又先后两次来到龙山，并在地表深处挖掘出了一种从没见过的漆黑发亮的陶片。这一发现，顿时引起我国考古界的重视，1930—1931年，考古人员两次对此遗址进行发掘，发现了大量的陶器和石制工具，一个以磨光黑陶为主要特征的新石器时代文化遗存，在沉睡了四千多年后又重新展现在世人面前。

㉖ 结 艺

红红的中国结盘着中国龙，

红红的中国结攀着中国风，

红红的中国结编出人间美，

红红的中国结织出儿女梦。

红红的中国结照得开门红，

红红的中国结好个日子红，

红红的中国结挂满千万家，

红红的中国结醉了天地红。

——《中国结》歌曲节选（作词：李慈印）

【源】　结艺源自上古时期的结绳。远在旧石器时代，由于尚无文字，人类使用绳子打结表达思维和记事。后来为了狩猎和采集活动的需要，人们又"作结绳而为网罟（gǔ，捕鱼的网），以佃（diàn，租种土地）以渔（捕鱼）"（《周易·系辞》），制成初具雏形的简单网具和网衣。后来，我们的先民们用单一的绳子，自己缠绕、编结出各种各样的绳结，这在书画尚未诞生之前，是人类早期的审美活动。

这个故事大概要从结绳记事时期开始说，现在成了一门独特艺术

随着社会的发展，原始的结绳技艺逐步提高，并由实用性向装饰性转化，逐步形成了具有中国特色的编结形式，被人们称之为"中国结"。中国结品种之多，用材之广，样式之多，居世界首位。像被列入"八宝"中的"盘肠"（也称"盘长"），象征连绵不断，是中国结的经典样式。在《唐六典》"组、绶（shòu）、绦（tāo）、绳、缨"中，它还是人们必要的佩饰形式之一。随着更先进的技术和更复杂编织图案的出现，系结现象在千百年来的过程中持续稳步演变。在清朝，编结终于突破了本身单纯的民俗地位，从而成为一个被社会广泛认可的传统艺术形式。《红楼梦》第三十五回"黄金莺巧结梅花络"中关于绳结描述的名目就有多种多样：一炷香（直线形）、朝天凳（梯形）、象眼块（斜方形）、方胜（方形对叠）、连环（两环套）、梅花、柳叶等。

【述】　古往今来，中国结已经形成了基本结、实用结、寓意结、装饰结等系列形式。基本结是基础，如单结，简单而可变性大；实用结，实用性强，如瓶口结等；寓意结，如盘肠（长）、方胜等，多取其谐音，意谓百事吉祥、万事如意。又如同心结，有喻永结同心之意，故又称"情人结"；装饰结，更有美观之功能，如蝴蝶结、花瓣结等，可作衣饰纽结或绶结、彩带挂件之用，还可被移植到图案装潢设计上。人们凭借着双手的灵巧创作，使平凡而又神奇的绳结技艺成为独具一格的民间艺术。

中国结不仅造型优美、色彩多样，同时作品的命名也很讲究。如《吉庆有余》《福寿双全》《双喜临门》《吉祥如意》《一路顺风》等组配，都表示热烈浓郁的美好祝福，是赞颂以及传达衷心至诚的祈求和心愿的佳作。

2015年，中国结手工制作工艺被列入济南市非物质文化遗产代表性项目名录。

【做】　1. 跟老师学习中国结编结技艺，熟练掌握几种常见样式的编结技法。

2. 结合节庆，在班级内举办一次"同学中国结才艺展示"活动。

【知】　中国结的名称和寓意：蝴蝶结——福在眼前，富运迭至；福字结——福气满堂，福星高照；鱼结——年年富足，吉庆有余；寿字结——人寿年丰，寿比南山；藻井结——方正平整，井然有序；双喜结——喜上加喜，双喜临门；盘肠结——相依相随，永无终止；磬结——吉庆祥瑞，普天同庆；同心结——恩爱情深，永结同心；戟结——前程似锦，事业发达；平安结——一生如意，岁岁平安；团锦结——花团锦簇，前程似锦；桂花结——吉人天相，祥瑞美好；如意结——万事称心，事事如意；花篮结——花样年华，如花似玉。